互联网思维

3.0

江涛·编著

化学工业出版社
·北京·

如今，我们已迈入互联网时代，现在的互联网就像水、电、煤、气一样，已逐渐成为生活和生产的基础设施。很多企业家也意识到，在互联网3.0时代，跨次元经济、云计算、大数据、物联网、区块链等信息技术手段与传统行业的融合，将为企业的发展提供新的机遇。互联网是企业开拓创新的新生力量和有力工具。

本书作者在对互联网进行多年研究的基础上，经过对百家企业调查研究，总结出了企业互联网转型的道路和方法。本书分别从预见战略、组织模式、管理方法、整合方式、产品思维和营销策略几大方面为传统企业指明了方向，也提供了路径，理论与案例相结合，有理有据，可以助力企业快速转型，破茧成蝶，让企业在互联网的蓝天下，自由地飞舞。

图书在版编目（CIP）数据

互联网思维3.0 / 江涛编著. —北京：化学工业出版社，2019.4（2024.9重印）
ISBN 978-7-122-33914-0

Ⅰ.①互… Ⅱ.①江… Ⅲ.①互联网络-应用-企业管理-研究 Ⅳ.①F272.7

中国版本图书馆CIP数据核字（2019）第029798号

责任编辑：耍利娜　　　　　文字编辑：李　曦
责任校对：边　涛　　　　　装帧设计：水长流文化

出版发行：化学工业出版社（北京市东城区青年湖南街13号　邮政编码100011）
印　　装：北京七彩京通数码快印有限公司
710mm×1000mm　1/16　印张9　字数141千字　2024年9月北京第1版第13次印刷

购书咨询：010-64518888　　　售后服务：010-64518899
网　　址：http://www.cip.com.cn
凡购买本书，如有缺损质量问题，本社销售中心负责调换。

定　价：38.00元　　　　　　　　　　　　　　　　　版权所有　违者必究

PREFACE 前言

如今,我们已迈入互联网时代,现在的互联网就像水、电、煤、气一样,成为生活和生产的基础设施。很多企业家也意识到,在互联网3.0时代,跨次元经济、云计算、大数据、物联网、区块链等信息技术手段与传统行业的融合,将为现代企业的发展提供渠道更新、模式更新、管理更新、产品更新及营销更新,互联网是企业开拓创新的新生力量和有力工具。

"这是一个摧毁你,却与你无关的时代;这是一个跨界打劫你,你却无力反击的时代;这是一个你醒来太慢,干脆就不用醒来的时代;这是一个不是对手比你强,而是你根本连对手是谁都不知道的时代。"

马云的这段话非常形象,传统企业不转型就是等死,现实就是这么残酷!未来所有的企业都是互联网企业,互联网是基础设施,当代所有的企业该考虑的是如何将互联网与自己的企业有效融合,成为企业的血液,成为企业的基因,让互联网为企业助力,让互联网思维成为企业开拓创新的有效工具。

互联网1.0时代是单向传播。企业通过网站发布信息,比如招聘信息或促销信息,这只是一种告知服务,和客户没有交流,也没有回馈。

互联网2.0时代是双向互动。企业可以和客户在网络上交流,但也仅仅限于介绍产品、线下促销、售后服务等,有互动,有交流,但是没有深入研究客户,没有真正把客户放在企业经营的链条上,更没有把客户当成"上帝"来对待。

互联网3.0时代是全方位互动。企业和客户之间在各个层次上进行互动交流,从产品研发,到产品生产,再到产品售后以及产品营销等都直接与客户发生关系,企业服务客户,客户也反哺企业,两者互存互融。企业倾听客户的意见和建议,以便更好地为消费者服务。

对传统企业而言，在互联网3.0时代，生产、销售、库存、广告和管理模式都发生了变化，企业要从战略、组织、管理、整合、营销等方面进行变革，来适应新时代的要求。目前，中国大部分企业的互联网变革之路并不像想象中那么快速和顺利。尤其是在三四线城市，企业习惯了现有的成功模式，懒得做出改变，或由于过去的模式依旧很适用，就不愿意破而后立，蜕变化蝶。这类企业说白了就是故步自封，看不到互联网来势汹汹的一面——在互联网3.0时代的大潮下，要么趁势而起，要么死在沙滩上，想随波逐流都没机会。2018年，中国的4000万家中小企业，还有很多典型的传统行业，在互联网转型上，做得不尽如人意。

对于想转型、想蜕变、想借网络东风直上青云的企业来讲，有的摸不清转型的方向，有的搞不懂变化的套路，更有的企业在对待互联网转型上无从下手。本书作者在对互联网进行多年研究的基础上，经过对百家企业的调查研究，总结出了企业互联网转型的思路和方法。本书分别从预见战略、组织模式、管理方法、整合方式、产品思维和营销策略几大方面为传统企业指明了方向，也提供了路径，理论与案例相结合，有理有据，可以助力企业快速转型，破茧成蝶。

没有传统的企业，只有传统的人；没有懒惰的企业家，只有不想改变的企业家。在这个快速多变的时代，作为传统企业的管理者，只有放下过去，走出定式，破茧而出，才能看清未来，跟上时代发展的步伐。

CONTENS
目录

第一章 互联网时代才刚刚开始

第一节 互联网是现代社会的基础设施 ... 1
一、未来一切皆有可能 ... 2
二、企业离不开大数据 ... 5
三、如变形虫一般的互联网 ... 8

第二节 互联网思维,开启新商业文明时代 ... 11
一、互联网改变了传统企业 ... 11
二、现在是互联网创业最好的时代 ... 13
三、结合你所在的行业去拥抱互联网 ... 16

第三节 让你的思维跟上时代发展 ... 18
一、你的思维还停留在工业时代? ... 19
二、老板思维要变化 ... 22

第二章 互联网3.0时代的预见战略

第一节 自我变革才能跟上时代 ... 25
一、运用互联网思维自我变革 ... 26
二、商业模式的创新与再造 ... 28
三、旧行业消亡,新行业兴起 ... 31

第二节　互联网3.0时代的创富机遇在哪里 37
　　一、瞄准互联网下的"90后" 37
　　二、得草根者得天下 39
　　三、"无聊经济"，瞄准懒人 41

第三章　互联网3.0时代的组织模式

第一节　构建多方共赢的平台生态圈 44
　　一、保证供应链互利共赢 45
　　二、如何构建平台生态圈 48
　　三、利用网络平台，线上线下结合 51
第二节　以用户为中心的组织变革 53
　　一、消费者主权时代正在开启 54
　　二、"客户导向"的组织结构 55
第三节　组织管理的扁平化 58
　　一、"阿米巴"模式 60
　　二、传统企业如何扁平化 63

第四章　互联网3.0时代的管理方法

第一节　变革旧的管理理念与管理方式 66
　　一、旧的管理模式要出新 67
　　二、平等对待，管理就是服务 69
第二节　决策体系：让一线成为引擎 71
　　一、让听得见炮声的人来做决策 71
　　二、让员工成为创新带头人 73

第三节　真正地尊重员工 76
　一、互联网时代更注重人的价值 76
　二、如何尊重员工 78

第五章　互联网3.0时代的整合方式

第一节　互联网的本质是高效率整合低效率 81
　一、整合现有资源，创新可以零成本 82
　二、速度往往决定成败 85
第二节　把握跨界混搭的命门 87
　一、跨界不需要专业 88
　二、互联网跨界，赢在未来 90
第三节　创新都是微创新 91
　一、在"模仿"中微创新 92
　二、模仿是手段，创新才是根本 94

第六章　互联网3.0时代的产品思维

第一节　找到用户痛点，打造爆款产品 97
　一、如何做一项爆款产品 98
　二、迭代思维，要跟得上潮流 101
第二节　用户思维，打动顾客 105
　一、注重用户体验 105
　二、用户的个性化设计 110
　三、极致服务，超越用户预期 111

第七章 互联网3.0时代的营销策略

第一节 打造粉丝的亚文化圈 116
一、粉丝是一种长尾经济 118
二、通过社群拉近与消费者的距离 121
三、利用微信朋友圈做营销 124

第二节 无娱乐,不营销 126
一、事情推行营销 127
二、赋予产品噱头 130
三、阅读不死,软文不止 134

第一章 互联网时代才刚刚开始

17世纪末,蒸汽机的发明带来了工业革命,产生了工业文明。19世纪初,电动机的诞生,带来了第二次技术革命。20世纪中期,随着互联网的出现,人类文明进入第三次技术变革时期。中国的互联网萌芽于20世纪80年代。如今,我们被互联网包围着:吃,可以网上订外卖;穿,可以在淘宝、京东上买衣服;住,网络成了像水、电、煤、气一样的必需品;行,网络约车和共享汽车已经流行;更别说游戏、娱乐、社交了……互联网正在深深地影响着我们的生活、学习和交往方式,已成为我们生活中必不可少的一部分。

互联网在商业发展中也有固定规律:萌芽兴起—野蛮生长—平稳过渡—有序增长—稳定发展。如今,互联网还处于野蛮生长和平稳有序的过渡期,互联网时代刚刚开始。对很多企业来讲,只有弄懂了互联网思维,融入了互联网时代,才能如鱼得水。

第一节 互联网是现代社会的基础设施

如今,我们的生活已经离不开互联网,企业运营更是离不开互联网,互联网已经渗透到企业运营的整个链条中,从基础应用(如收发电子邮件、用微信发通知、在百度查信息)到商务应用(如在线协同办公、会计软件应用、打卡系统、监视系统、在线销售、在线客服),等等。

未来新一代互联网,应该是可以跨越PC机、平板电脑、手机、汽车、手表各个终端的一种链接方式,可以成为"大互联",它是一种"任何人、任何物、任何时间、任何地点、永远在线、随时互动"的存在形式。在互联网3.0时代,平台就是互联网,我们所有的企业、个人、组织、经营、社交、来往,都在这个大平台上运行,个人离不开互联网,企业更离不开互联网,这个网络大平台已经成为新时代的基础,成为企业利润的增长点,也成为商业模式变革的爆发点。

大互联时代（Internet 3.0）

一、未来一切皆有可能

互联网时代的到来，为我们的工作和生活提供了很多便利。衣食住行、看病、求职、教育等都能在手机上完成相关操作。

我们来试想一下：早上，智能手环定时把你唤醒，上面显示你睡了多久、血压和心跳指数等，假如某个数据异常，智能手环会自动发送报警信息给你的医生；起床后，智能手机会打开汽车控制软件，打开空调；你上车后，汽车根据导航自动驾驶，你可以利用智能手机预订一杯温度适宜的咖啡及一份早餐，当汽车载你安全到达公司，你在车上预订的咖啡、早餐正好送到，你可以安心处理公务。这只是未来设想的一个小场景。关于未来，还有很多可以预见的景象。

1."未来衣服"大猜想

大胆设想一下，未来的衣服是这样的：无须担心穿多穿少的问题，随着外界温度的变化，衣服会自动升温或降温。爱美的女士冬天也可以穿裙子了；小说《三体》中随意变换图像的"未来服装"，也许会让很多人省去穿衣搭配的烦恼；电影《回到未来》中自动系鞋带的运动鞋真的来了……

会自动系鞋带的耐克运动鞋

穿上真正的多媒体服装已经指日可待,未来的衣服甚至可以防火、防电,衣服破了能自动修补,也许科技迷期待的隐身服真的可以成为现实。随着科技的发展,一切皆有可能。

2. "未来食物"大猜想

伴随着基因工程和细胞工程产品的问世,人类社会的食物变得多种多样。

(1)试管肉

科学家们正在试图通过合成肉来解决牲畜养殖隐患。2011年,在《环境科学与技术》期刊上发表的一份研究报告指出,合成肉能量比普通肉低7%~45%,温室气体排放量比普通肉少78%~96%,并且少占用99%的土地。

未来,合成肉将会端上我们的餐桌

（2）人造海鲜

美国国家航空航天局（NASA）的研究员已经将金鱼肌肉浸入胎牛血清中并做出了完整的鱼片。New Wave Foods公司的研究人员正在想办法将红藻变成合成虾。

人造海鲜，你敢吃吗？

（3）3D打印食物

3D打印食物已经走进了人们的视野，通过3D打印，可以给食物制造出漂亮的造型；同时，3D打印还可以节约时间。

全球第一家3D打印餐厅在英国伦敦开业

3."未来交通"大猜想

如今很多大公司都在致力于无人驾驶汽车的研究,百度的无人驾驶汽车阿波龙已经开始批量生产,美国通用公司的Cruise AV计划将于2019年投入应用。谷歌、特斯拉、丰田这些大公司都非常重视无人驾驶领域,而中国也将成为无人驾驶领域的有力竞争者。

在公共交通上,我国高速列车"复兴号"已经可以以高达350公里／小时的速度行驶。美国科技狂人马斯克提出了"超级高铁"的概念,而这款"性能怪兽"被誉为Hyperloop,其最高时速可以达到1200公里／小时。

在空中交通方面,美国Spike航空公司正在设计并制造超声速私人飞机,其最高时速可达到1770公里／小时。

奔驰的无人驾驶概念车

二、企业离不开大数据

如今,人类社会已进入数据时代。很早之前,衡量个人财富是以土地等实物计算,而今天则完全是数据化,存款只是银行账户上的一个数字,资金往来也可以直接在网上操作。购物时大都用微信、支付宝支付,出行时订机票、订车票,订外卖、订酒店、买衣服……一部智能手机全搞定。

智能手机＋APP，大部分问题都能轻松解决

所谓大数据，就是建立在互联网技术基础上的海量数据的归集、存储和分析利用。如今，大数据应用早已融入现代商业生活的方方面面。

大数据为企业发展提供了一种重要工具。企业可以通过分析人们的生活习惯、消费内容，轻而易举地推测出用户的收入状况和消费能力，从而捕捉到商机。

美国华尔街"德温特资本市场"公司（Derwent Capital Market，简称DCM）首席执行官保罗·霍廷每天的工作内容之一，就是看全球3亿多Twitter账户的留言，通过分析Twitter的数据内容来感知市场情况，从而指导投资。他认为：如果所有人似乎都高兴，那就买入；如果大家的焦虑情绪上升，那就抛售。这一招收效显著，第一个月，公司就取得了不俗的业绩。

大数据的运用使得用户的购买需求更加趋于透明。一些电子商务网站收集的数据不仅可以显示用户的地域、性别、星座等信息，而且可以将每一位用户的网上消费行为都记录下来。正是用户及其消费行为的大数据化，为企业实施"互联网＋服务"提供了技术保障。

腾讯公司控股董事会主席兼首席执行官马化腾认为，大数据的价值不在于数据的大小,而在于它所具备的挖掘和预测能力。大数据的核心就是理解数据的自身价值,通过对数据进行处理,进而创造出商业价值。

在移动互联网时代,数据资产已经成为核心竞争力。因此,想要在竞争激烈的市场中生存下去,企业必须有大数据。

世界零售巨头沃尔玛公司拥有庞大的数据仓库系统。为了精准掌握顾客在其门店的购买习惯,沃尔玛公司经常对顾客的购买行为进行大数据分析,他们综合所有门店的原始交易数据,以此分析公众的消费喜好和追求。

例如,沃尔玛公司通过大数据调查发现:跟尿不湿一起购买最多的商品竟然是啤酒!这是为什么呢?原来,在美国,到超市去买尿不湿是一些年轻父亲下班后的日常工作,而他们中有30%~40%的人同时也会为自己买一些啤酒。

沃尔玛公司发现了这一点,立刻做出决定,既然尿不湿与啤酒一起被购买的机会很多,那么沃尔玛公司就在他们所有的门店将尿不湿与啤酒摆放在一起,结果尿不湿与啤酒的销售量都有所增长。

沃尔玛超市一角

这就是利用大数据进行企业销售的成功案例。不过,大数据在我国的利用率较低。有数据显示,95%的企业并没有充分利用所获得的数据,因此并不能精准分析出用户的真正需求。这些企业还在用传统手段和销售方式进行推广和营销，这都是缺乏前瞻意识的表现，企业负责人并没有意识到大数据的前景和好处。

对于今天的公司来说，一定要学会利用大数据分析出消费者的喜好与需求，从而制定相应的决策或者营销手段，这才是大数据本身的意义所在。也只有如此，大数据才能给企业带来巨大的商业回报。

对于诸多企业来说，要想利用大数据为自己服务，必须掌握以下两点。

第一，通过大数据充分了解用户的个性化需求。企业要学会在海量的大数据中找出最有价值的数据，比如服装企业要找到消费者喜欢的服装颜色和服装款式……要根据这些数据，得出消费者真正喜欢的产品，从而有针对性地设计和生产相关的产品并提供相应的配套服务。

再以汽车行业为例，通过大数据分析得知，消费者对于白色汽车情有独钟，因此各品牌汽车生产商制造的白色汽车也更多。大家可以注意观察，看看是不是马路上行驶的白色汽车更多。

第二，精准服务。企业提供的产品或服务是否符合用户的需求，关键在于企业能否从大数据中找到有价值的数据。如果通过数据分析得出的产品或服务过多，既会增加管理成本，也会降低服务效率。因此，要简化产品，精准服务，利用爆款，提升业绩。

三、如变形虫一般的互联网

互联网3.0，其本质就是互动、互联。阿里巴巴的强大之处就在于它解决了人与商品互动的问题，腾讯的强大之处则是因为它解决了人与人互动的问题。企业如果想要做大做强，未来的机会一定在于解决人与物互动的问题。

"联"即"连接"，其分为三个阶段：第一阶段以计算机为主，通过有线网络进行连接，这叫有线互联网；第二阶段以智能手机为主要媒介，通过无线网络进行连接，这叫移动互联网；第三阶段叫无限互联网，未来遍布我们周围的将是各种各样的网络终端，例如可穿戴设备，那时手机将变得不再重要。这些无所不在的网络终端，会通过全面覆盖的无线网络，将人和人、人和物、物和物，无限地连接起来。

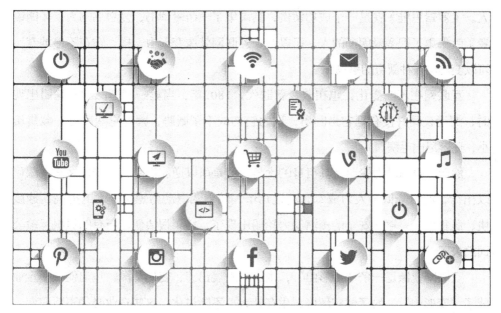

互联网3.0的本质

如今，人们已经不是在使用移动互联网，而是干脆活在了移动互联网上面。2017年8月，中国互联网络信息中心（CNNIC）在北京发布的第40次《中国互联网络发展状况统计报告》指出，截至2017年6月，我国网民规模达到7.51亿，手机网民规模达7.24亿。2017年上半年，我国网民的人均周上网时长为26.5小时，与2016年基本持平。

根据上述统计数据，一周总时间为168小时，减去每天8小时的睡眠时间，还剩112小时，减去吃饭、上班、上学的时间，相当于一半的休息时间都在使用移动互联网。这种现象使得人们把自己变成了网络上一个鲜活的、有生命力的点。中国大概有7亿个这样的点，每个点都在用音频、视频甚至直播的方式，实时地进行各种互动。

在今天的互联网上，这些有生命力的点与点之间，就像原子、分子一样，在交互过程中产生了巨大的能量。在互联网的作用下，这些点与点之间的沟通越来越紧密，它们还可以变幻出多种形状，就像小学课文《秋天》里说的："一群大雁往南飞，一会儿排成个'人'字，一会儿排成个'一'字。"比如有些公司正在研发汽车上的微信功能，这个功能可以实现一个人在开车的时候通过汽车的语音系统与他人进行沟通。再比如，有人开设微信公众号，下面就会聚集一群拥有共同需求的人。《罗辑思维》就是一个成功案例，其聚集了一帮爱读书、爱看书的人；《朗读者》就聚集了很多爱朗诵的人。可以说，互联网就像变形虫一样，它在不停地变，可以变幻出各种新奇的事物。

互联网在不断变化，也在改变着时代。1802年，当第一艘蒸汽动力轮船出现时，海运公司并没有把它当回事，认为它构成不了威胁，因为它速度慢、载货量小，还容易出毛病。

然而，蒸汽动力轮船有其自身的优势，就是可以逆流而上，无论什么天气都可以出行，而且降低了人力成本。没过几年，随着蒸汽动力轮船技术的提高，速度快、载货量大、更加安全的蒸汽动力轮船出现了，结果很快便让所有的风帆运输公司消失了。

互联网就像是一条"变形虫"，由于它发展迅速，变幻莫测，也迫使很多企业成了"变形虫"，为了适应环境、生存壮大、不断进化，这些企业必须不断改变。以前很多杀毒软件是收费的，自周鸿祎的360公司推出了免费的杀毒服务，很多杀毒软件公司没落了；以前发短信需要付费，结果微信一出，很少有人用短信联系了。

互联网时代，所有商业和生态环境都会发生彻底的颠覆，互联网的普及，势必改变每个人的思路。如果思路不改变，那只有被时代所抛弃。

互联网3.0时代，每一个普通人利用自媒体，可以轻松月入过万元，这在以前是根本不敢想象的。如果你想成为一名歌手，在以前很可能需要通过科班学习，成名的机会也是微乎其微。然而现在，通过一个短视频，也许你就可以快速走红网络。你写了一首歌，以前可能需要聘请音乐人帮你宣传，上电台、电视台打榜，都要付费，而现在通过互联网就可以进行有效营销，积累粉丝。

互联网每分每秒都在快速变形，在不断变形的过程中也就意味着有大量的机会出现。"互联网＋"的概念席卷世界，让传统行业变成一个全新的行业。传统行业一旦与互联网紧密结合，就可以让企业最核心、最优质的产品或内容爆发式增长，可以更准确、更迅速地满足消费者的需求，生产出更符合消费者需要的产品，更及时地投放到消费者的手里，这就是互联网3.0时代。

第二节 互联网思维，开启新商业文明时代

面对互联网世界，许多企业家都认为互联网是虚拟经济，跟自己所在的传统行业扯不上什么关系。但现实是残酷的，随着互联网时代的到来，很多传统行业已经或即将被互联网彻底颠覆。

随着移动互联网、云计算、大数据等信息技术的高速发展，我们正在进入互联网3.0的全新时代。新兴企业与行业迅速崛起，曾经的企业家们正在被"90后"这群互联网新生代超越。在这场商业变革中，传统企业一旦掌握了互联网的核心命脉，也就掌控了这个时代。

一、互联网改变了传统企业

近几年，互联网的发展速度我们有目共睹，一些传统产品走向线上销售已经是大势所趋。其实，大部分产品在互联网销售方面只是通过转移渠道来实现交易，只有小部分产品能够实现真正的"互联网渠道化"。其中，雷军的小米公司是典型的企业，小米手机也借助互联网实现了飞跃和突破。

关于小米手机的快速发展，雷军认为可以概括为以下三点："第一，小米极其强调真材实料，做好产品。应该说小米在产品发布之初就具备了非常高的品质。第二，小米很愿意倾听用户的意见，和用户做朋友，把用户全部拉进来，一起把产品做好。第三，小米用了互联网技术，电商直销，高效率运作，最终使它的零售价接近成本价，这样还能挣钱，我觉得它的核心是高效。"这就是借助互联网打造出的产品思维。

在移动互联网时代，企业的市场环境发生了巨大的变化。中国的互联网正在加速淘汰传统产业。比如以阿里巴巴集团为代表的非现场买卖将彻底击败百货商场；虚拟消费将超越实体消费；3D打印技术将改变人类的制造业状态；等等。

具体来说，互联网对传统企业冲击最大的方面还是零售渠道。在互联网出现之前，企业要销售商品，必须通过经销商，先将商品批发给经销商，再由经销商卖给消费者，也就是说，在这个过程中，生产商并不能了解到消费者的真实需求。缺少了大数据的支持，厂家无法了解消费者的真实需求。

生产商想要销售产品，就必须有好的经销商系统，这就是我们常说的渠道。这样一来，企业的关注点不在消费者身上，而是想如何维护好和经销商的关系。这就导致企业忽视了消费者对产品的感受，也不重视消费者的体验。

举一个眼镜行业的例子：如今很多人都知道这是一个暴利行业，但在互联网出现之前，需要配眼镜的消费者即便知道也没有任何办法，只能乖乖买单。眼镜的成本并不高，高的是中间商的加价。有业内人士表示，一般眼镜店加价30倍属于正常水平。市面上很多动辄几千元的眼镜，实际成本只有几百元。以一块折射率为1.56的黄金膜树脂镜片为例，工厂出厂价20元左右，到了批发商手里会变成60元，再到眼镜店里就会变成180元。以此计算，从工厂到眼镜店至少有8倍的价差。

然而，在市场经济条件下，任何暴利行业都会有终结的一天。随着淘宝网店的出现，配镜的成本被降了下来，消费者可以直接从网上购买眼镜，再也不用像以前那样花冤枉钱了，这也给眼镜行业带来了一次变革。

传统工业时代强调产品控制库存，尽量增加销售业绩，所以企业命运被握在销售渠道上。有些销售渠道是自己建设的，有些跟渠道商一起合作，如果渠道商不卖你的产品，产品库存量就会很大，企业运营就会受到很大影响。但是现在不一样了，企业可以根据市场个性差异化的需求去制造产品，可以采取薄利多销的经营策略，可以去掉很多中间环节，可以很好地控制库存，这都是互联网3.0时代的优势所在。

黄岳南是北京酷绅服装有限公司的创始人，同时也是一位社群达人，他通过微博建立了各省粉丝驻地。黄岳南发现，做社群并不困难，困难的是面对"90后""95后"的年轻人，如何满足他们对于个性消费的需求。

黄岳南意识到这一点之后，开始了企业的互联网改造。首先就是积累版型。过去，酷绅与同行们一样，最多只储备8~10个号型，当他意识到号型太少时，已经跟不上时代发展了，于是他利用几年的时间，快速积累了超过100万个号型。这时，他发现，当一款衣服的号型攒到3000个的时候，95%的客户只要报出3个数据，就能取代人工量体并做出合体的衣服。

其次，黄岳南把搜集的全部号型输入数据库，形成专业化样板，把整个定制过程都搬到了互联网上，型牌男装也由此而来。

黄岳南此举相当于给每一个客户配备了一名私人裁缝，客户只需要输入身高、领围、颈胸围和颈腹围4个数据，再自选私人标识，就完成了量体裁衣的工作。

再次，黄岳南对生产环节也进行了大改造。

黄岳南凭借互联网思维，让型牌男装成为很多"90后""95后"消费者心中的"名牌"。众多明星、影视剧都慕名使用了型牌男装的定制服装。

这就是互联网给传统行业带来的冲击，随着互联网3.0时代的来临，这样的冲击只会更直接、更高效。过去，人们最基本的通信工具是书信，之后有了电话。曾经在一些山区，"通话基本靠吼，交通基本靠走"，有时为了打一通电话可能要走十几里路，等一封信可能要一个多月。而后来，尽管有了BP机，有了"大哥大"，但是收费昂贵，即时通信仍旧没有办法完全走入寻常百姓的生活。

马化腾正是看准了其中的巨大市场，他领导的腾讯公司推出了一款国人家喻户晓的产品——QQ，成功改变了国人的通信习惯。而随着移动互联网时代的到来，腾讯公司又推出了微信，使人们的距离被无限拉近，通信的效率也在短短几年内得到了爆发性的提升。

在搜索领域，随着谷歌的退出，百度成为国内搜索引擎界的巨擘。通过百度搜索，人们可以在浩如烟海的信息洪流中准确找到自己所需要的信息，节省了大量时间，提高了工作效率。

互联网所带来的高效，其实不仅仅是传统行业所需要的，更是中国经济由数量向质量转型过程中必不可少的一种推动力量。

二、现在是互联网创业最好的时代

随着互联网基础设施的完善，再加上传统行业发展乏力，很多人选择了互联网创业，其中成功者很多，也促使更多人加入互联网行业，想从中分一杯羹。在资讯聚合领域，"今日头条"的成功有目共睹。2018年3月，科技部发布《2017年中国独角兽企业发展报告》，排名前十的公司有阿里云、美团点评、宁德时代、今日头条、菜鸟网络、陆金所等。其中，"今日头条"估值200亿美元。"今日头条"经过几年的发展，已经成为仅次于腾讯新闻客户端的产品。"今日头条"的创始人张一鸣的持股比例大约为20%，如果"今日头条"的估值达到200亿美元，那么张一鸣持有股票的价值大约为40亿美元，相当于200多亿元人民币。

互联网不断上演着造富神话，正是因为互联网更适合或更便于创新，它改变了人类生存最基本的关系模式，即人与物、人与人和人与自己这三种关系，因此也为创新提供了无限可能。

再来看小米手机的案例。小米公司的创始人雷军参与创办的第一家企业是金山软件。雷军说，在金山软件成长的路上，遇到的最大危机就是互联网。

雷军意识到，"互联网就是一场技术的革命，带来了生产力的提升。"他在2010年创办小米手机时，就用到了互联网的思维方式，他总结说互联网最核心的思维是7个字：专注、极致、口碑、快。

很多手机厂商只是将产品放到网上销售，而雷军则是用到了互联网思维。2011年，小米的第一款手机问世，通过网络社区、粉丝营销的方式，成功打破了传统手机行业的零售模式，并通过粉丝营销方式迅速提升了知名度，还成功利用饥饿营销的方式吸引了人们的眼球。2017年年末，小米公司的估值为680亿美元。

互联网的造富神话吸引着越来越多的年轻人。让我们来看看互联网创业的三个阶段。在互联网创业1.0时代，以2005年成立的校内网、豆瓣网、百合网、土豆网、PPTV、PPS等社交网络和视频网站为代表。这些人创业的优势就是对互联网很熟悉，都有互联网从业经历，比如豆瓣网创始人杨勃、土豆网创始人王微等，他们的创业算是由量变到质变，也是顺理成章的事情。

互联网创业2.0时代从2010年开始，以很多的团购网站为代表。不过随着消费的升级，消费者对产品品质的要求提高，团购低质低价的策略变成了鸡肋。这一时期，很多团购网站成了明日黄花，有的转型了，有的没落了。

如今，到了互联网创业3.0时代，这个时代最明显的变化是草根创业者的兴起，"90后""95后"甚至"00后"创业者层出不穷。生于1990年的马佳佳，2014年6月担任《时尚COSMO Digital》主编，10月成立新公司"嗨吗科技"。马佳佳还注册了小马加鞭娱乐文化有限公司，推出了亚文化纪录片。

生于1992年的陈安妮，2014年成立快看漫画网。有报道称，快看漫画是"00后"最受欢迎的漫画平台，拥有上亿用户。快看漫画也宣布完成1.77亿美元D轮融资。还有"00后"的互联网创业者诺亚大陆联合创始人喻言。2016年，14岁的喻言便出来创业，15岁的时候，拿到了来自当当网投资的100万元人民币。

58同城CEO姚劲波认为，移动互联网产业才刚刚开始，全球都在同一条起跑线上，加上各类风险资本风起云涌，如今已成为移动互联网创业最好的时代。

为什么现在是互联网创业最好的时代呢？

第一，创业机会更多。马云说过，传统行业存在的问题，就是互联网创业者的机会。

第二，投资客越来越关注互联网。随着互联网3.0时代的到来，只要是与互联网有关的创意，哪怕只有一个策划书，也能从天使投资人手里拿到钱。比如"三个爸爸"空气净化器：因为空气质量不好，三位父亲萌生出做一款空气净化器的想法，因为这个市场需求量很大，很多投资人立马有了兴趣，"三个爸爸"在30天内完成了1100万元众筹，还拿到高榕资本领投的1000万美元。互联网创业的关键在于找准商业卖点，只要有好卖点就会有好回报，投资人对这类创意最感兴趣。

第三，互联网基础设施更加完善，创业成本下降，几十万甚至几百万启动资金就可以供创业者在虚拟世界打造自己的创富梦想。更重要的是，国家也大力支持互联网创业。

那么，作为一名创业者，该如何去做呢？这里有以下几点提醒：

1. 选择一个大方向

互联网创业有很多方向，电子商务、游戏、社交、O2O，等等。需要注意的是，一定要结合自己的工作经验，选择一个自己感兴趣的方向。因为隔行如隔山，任何行业都有运行规则，重新学习，将耗费大量的时间、精力、金钱，代价太大。

具体有哪些方向可以考虑呢？一是新技术产生带来的新市场；二是国家政策放宽带来的市场；三是收入提高带来的消费升级。把一二线城市的消费形态往三四线城市迁移会是一个大趋势。比如，一二线城市饱和的快餐外卖，一二线城市饱和的上门美容，等等。

2. 选择一个切入点，精益创业

创业需要找准一个卖点，不要一下子搞"大而全"。就像开一家外卖餐饮店，不能上来就川菜、鲁菜、湘菜全都有，这样浪费资金，还没法精益求精，要先选准一个点，比如大盘鸡米饭、香菇笋丁油泼面，开发出几款经典菜品，赢得了客户的赞扬，获得了成功和就餐率，再开拓其他菜品也不晚。在一个点上取得绝对突破，然后再以线展开、以点带面，这样才能容易成功。

3. 电商和社交

电商和社交永远值得关注，买买买和聊八卦永远是人们最原始的需求。社交是一个挖掘人性的过程，只要抓住了人性中的某一类刚需，就有创富的机会。比如，宠物需要配种，就可以开发一个宠物相亲APP，借助线下活动的形式，可以拓展宠物美容业务、销售宠物产品等。再比如，如果你手上影视明星资源丰富，可以弄一个明星见面会的APP，让影迷交一些费用，就可以和明星互动，可以和明星合影，可以和明星约饭等。

三、结合你所在的行业去拥抱互联网

1988年雷军参与创办了金山软件，然而当互联网大潮来临之时，他们依然尝到了落后的滋味。也就在那个时候，雷军想通了一个问题——想要成功，就要顺势而为，他认定移动互联网是未来的发展趋势。谈起自己对"顺势而为"的感触时，雷军说："把握战略点，把握时机，要远远超过了战术。一头猪在风口，台风大，它就能飞起来。"后来很多创业者也将这句话奉为圭臬。

猪飞起来了，然后呢？

"站在风口猪都能飞起来",但是风真正来了之后,你就会发现,它并不是你想要的那样,也可能刮的是乱风,螺旋上升或忽左忽右的。所以朋友圈里流传另一个说法:"猪飞上去,掉下来肯定就摔死了。"创业者要注意的是,你一定要找到适合你的"风",这样才能一直向上飞。或者说当你拥抱互联网的时候,不要傻傻地去拥抱,而是一定要结合你所在的行业去拥抱互联网。

杭州的周佳慧很喜欢摄影,同时又很喜欢小孩子。她在想能不能去帮小孩拍照呢?但周围已经有很多关于专门帮小孩拍照的摄影工作室了,她个人该如何去竞争呢?后来周佳慧想到了一个点子,就是她可以亲自到客人家里,当早晨阳光洒进房间,小孩刚睁开眼睛的一刹那,捕捉那些动人的照片。这也是很多家长最想要的。如今,她只要在微信公众号上发一条"想去哪个地方玩,谁愿意付她旅游的费用,就帮谁的宝贝拍照"的信息,很多妈妈们都会主动联系她。

创业开始之前一定要定位,进入细分领域更容易成功。假如你一开始就进入跟你的专业、特长毫不相干的领域,即便借助"台风"之势飞上了天,相信也一定会摔得很惨。

互联网3.0时代,并不是简简单单地将产品电商化、社交化,也不完全是利用大数据打造一款爆品。互联网3.0时代是针对传统行业自身的行业属性,利用互联网的技术优势,结合大众的习惯,在传统产品的基础上,应用互联网技术改造产品,并通过快速传播来赢得顾客。

互联网已经不是一个技术的概念,而是一种基于自身行业产品的特质的改造。

在北京的餐饮行业中,金百万的知名度非常高,拥有近50家门店,其中37家是直营店。金百万大多数开设在社区附近,主打家常口味的产品,客户主要是周边的住户,他们的菜品好吃不贵,生意很红火。在互联网时代到来后,金百万在多家门店都辟出了专区,搞起了"全智能互联网体验"。就餐前,食客得先用手机终端的"筷好味"APP点菜。食客到达金百万实体店后,服务员把食客点的盒装"准成品"端上来,再发给食客一口智能锅,食客自己再把金百万配好的菜倒进锅里。按一下按键,3分钟后,所点的菜品就可以出锅装盘了。这种体验不仅可以在金百万的实体门店里进行,也可以在写字楼和家里进行……只要拥有金百万的准成品和智能锅,工作餐和家庭日常用餐都可以快捷完成。

在2016年中国青年互联网创业大赛上，金沙江创投董事总经理朱啸虎围绕创投热点发表主题演讲。朱啸虎说："……创业者千万不要求大求全，一定要抓住一个痛点，集中精力在一个点上，像滴滴打车开始上线非常简单，只有一个叫车功能，支付都没有，专车快车不用讲了，就是非常简单的语音叫出租车的功能，这样才能迅速地做起来，如果不是这么快地抓住关键点做起来就错过机会了。"

看一个笑话。清明节快到了，某人去买祭品，以前都是传统的金山银山聚宝盆、花朵电视自行车，这次一见，居然有纸糊的苹果手机。他有些惊奇，说道："老祖宗会用吗？"店老板不屑地说："互联网时代了，什么都得跟上发展，再说乔布斯都下去教了，你还担心什么？"这个人一听，也有道理，买一个吧，也不贵。等他转身要走时，老板接着说："再买个手机套吧，下面蛮潮湿的。"嗯，有道理，于是这个人又买个纸糊的手机套。刚交完钱，老板接着说："再买个蓝牙耳机吧，下面也出台了新交规，开车打电话罚款还扣分。"于是这个人又买了个蓝牙耳机。老板又提醒道："别忘买充电器，回头祖宗找你要就不好了！"于是他又买了充电器。从他到店里，老板就一直在推销新东西，他本来只准备买点纸钱香烛的，结果多花百十元买了一堆祭祀品。

在互联网时代，任何行业都能往互联网上靠，任何行业也都需要拥抱互联网。马云在首届网商交易会上演讲说："人骑上自行车，两脚使劲踩1小时只能跑10公里左右；人开上汽车，一脚轻踏油门1小时能够跑100公里左右；人坐上动车，闭上眼睛1小时也能跑300公里；人登上飞机，吃着美味1小时居然跑1000公里！人还是那个人，平台不一样，载体不一样，结果就不一样了，所以有时候选择比努力更重要！"

创业，做什么很重要，想要把互联网跟传统行业结合，就需要既懂传统行业，又要懂怎样利用互联网技术和思维，这种创业门槛实际上是更高的。只有结合自身优势去创业，成功的概率才能大大增加。

第三节　让你的思维跟上时代发展

如今，我们已全面进入互联网时代，吃、穿、住、用、行都可以和互联网发生关系。过去传统经济时代的赚钱思维已经跟不上时代的发展了，比如房地产、煤炭、钢铁、建筑等传统行业，可以依靠"大而全"挣钱，如今互联网时代讲究的是"爆款"。在互联网时代，坚守原来的模式只有死路一条。

什么叫思维定式？举个例子，当你失恋时，你可能会很文艺地说："人生若只如初见，何事秋风悲画扇。等闲变却故人心，却道故人心易变。"而现在人们会简单地说一句："蓝瘦，香菇（难受，想哭）。"很多时候，我们之所以被时代抛弃，主要是因为输给了自己的思维，我们的思维没有跟上形势的变化，一直停留在过去。

如今，互联网所具备的开放、创新、效率等特点可以为传统产业带来巨大的改变，我们需要的是将互联网思维引入传统产业，用互联网升级传统产业。

一、你的思维还停留在工业时代？

互联网3.0时代，如果个人、企业的思维还停留在工业时代，那么根本解决不了任何问题，只有死路一条。

工业时代已经成为过去时

中国有句俗话，"不听老人言，吃亏在眼前"。在传统社会，老人的人生经验可以帮助年轻人少走弯路。然而在互联网3.0时代，这一套完全失去了意义，因为变化的速度实在令人咋舌。前天听到的道理，今天可能就不适用了！我们经常会从报纸、电视、网络上看到老人被骗的消息。为什么老人容易被骗呢？因为他们接触互联网少，不能从网上了解新的骗术，老人也没有精力去学习新知识，由于认知结构固化，对于网络的规则、套路不了解，很容易上当受骗。

企业也是一样。很多企业的思维格局尚停留在工业时代。

1. 工业时代的规模思维

2016年上半年，贵人鸟股份有限公司净利1.57亿元，同比下降9.90%，与此同时，公司门店数也缩水152家。贵人鸟股份有限公司的思维还是店面越多、利润越多。工业时代的思维就是规模经济，就像国美电器，开的门店越多，利润越高。但是在互联网时代，规模经济已经跟不上时代发展了。我们经常看到这样的新闻报道：某某产业园区在建成后将达到什么样的规模，在全球排名第几……然而此后往往就没有下文了。从这一点不难看出，企业的思维、格局依然停留在工业时代，因为工业规模所带来的产能优势才是那个时代最重要的标志。

互联网3.0时代，看重的则是规模之外的东西，比如你必须拥有我这款产品的理由，也就是我们常常讲的"故事"。好故事要有说服力，比如为什么你会选择小米4手机，因为雷军会讲故事，一块生产水盆、茶缸的不锈钢，硬是让雷军讲成了"一块钢板的艺术之旅"；为什么你会买苹果手机，因为乔布斯是创新者的形象大使，买苹果手机就是买这个世界上的顶级手机。再比如，特斯拉汽车因为故事足够吸引人，就会有人为一辆连配置都没有事先说明的车去通宵排队，并为一辆两年后出厂的车先付订金。

这就是互联网3.0思维，一种全新的、与时俱进的思维方式。耐克公司在互联网时代的公司变革过程中，就很好地意识到了这一点，重点推进数字创新，并将这项工作提升到系统推进的层面，大力开展社交媒体的建

Nike公司 Logo

设，发展"Nike+"的概念。正是这种思维创新，使得耐克依然是全世界最有竞争力的企业之一。

2. 工业时代的成本思维

成本思维也是很多企业至今依然没有摆脱的来自工业时代的后遗症。比如，某家企业效益不好，很多企业经营者最先映入脑海的就是节省成本，裁减人员，以追求赢利的"底线"。然而互联网3.0时代，这种旧式的成本思维已经越来越吃不开了。假如你的盈利能力无法得到提升，再怎么削减开支，未来也只有倒闭一条路。

再比如，很多人会认为"面包不会比面粉便宜"，只要是经过生产加工改造的产品，我们都会为增值买单。但是在互联网时代，就不难发现，其实你卖什么价格跟成本没有多大关系，比如出厂价50元的衬衣，淘宝只卖50元，商家不是为了挣钱，而是为了收集买家评价、回馈，是为了铺货，为店铺打开知名度，这叫作口碑效应，远比做广告省钱，这就是互联网思维。

如果说互联网带给我们最大的改变是什么，笔者认为是思维方式的改变。互联网思维帮我们打破了思维定式，让我们学会从崭新的角度进行思考。

一只装有5千克水的长方形容器，如何用最简单的方法让容器里的水去掉一半，使之剩下2.5千克？

有人说，把水冻成冰，切去一半；有人说，用另一容器量出一半。但是最简便的方法，是把容器倾斜成一定的角度。相当于将一块长方形木块，从对角线锯成两半。

如果是固体，人们很自然会想到这样的方法，然而换成液体，很多人就想不到了。思维定式一旦形成，就很难改变。有这样一则故事：

一头驴背盐渡河，在河边不慎滑倒跌入水里，盐溶化了。驴子站起来时，感到身体轻松了许多。驴子非常高兴，记住了这个方法。之后驴子背了一袋棉花，它想如果再次跌入水中，还会像上次一样轻松，于是走到河边的时候，便故意跌倒在水中。没想到，这次棉花吸收了大量的水，驴子非但不能再站起来，而且一直向下沉，直到被淹死。

个人也好，企业经营者也罢，千万不要成为故事中的驴子。想要紧跟互联网3.0时代，就要摆脱旧有的经验，转变自己的思维。

二、老板思维要变化

一家企业能够做到多大的规模，首先取决于企业家的抱负、追求与格局，这就是"企业家天花板"理论。该理论在互联网3.0时代依然适用，如果企业领导者缺少互联网思维，没有意识到转型的必要，那么日后的发展就会非常困难，甚至是举步维艰。

在一些传统企业的负责人眼中，互联网是一个技术密集型的行业，只要拥有了足够多的高技术人才做支撑，企业的互联网转型之路就会一帆风顺，生产出来的产品也能轻松赢得市场的青睐。然而，这样的思维方式造成的结果就是，很多企业在技术研发上投入大量的人力、物力、财力，最后的结果就是不断烧钱，不断失利。

这是典型的"思维错位"，不是因为有了互联网，才有了互联网思维，而是恰恰相反。思考方式指导人们的行动，因为拥有了互联网思维，企业才会不断进行转型，进行改变。

目前传统企业的互联网转型主要分以下两种情况。

第一种：形势所迫，不得不转型。企业经营已经受到互联网的严重影响，甚至有倒闭的危险，这种情况下转型迫在眉睫。

第二种：换汤不换药，企业硬生生地要与互联网联系在一起。例如一家建材交易公司，上下游厂商只有十几家，本来一个电话就可以解决的问题，非要搞一个"建材网"，这种名不副实的做法无法给行业带来太多的便利。

还有一些老板认为互联网转型，其实就是在"在淘宝上卖东西"，这也是一种老旧的思维方式，互联网改变的不是企业的销售模式，而是整个商业大环境，企业需要全面的互联网化，不是仅仅在管理、营销、生产上简单地接入互联网，而是全盘考虑如何让互联网成为企业的血液，成为企业的基因。

互联网3.0时代已经到来，如今商业环境、商业气氛都发生了很大变化，但是很多企业家还在故步自封、掩耳盗铃，还在用老旧的思维考虑新的问题，这一点在一批创业成功的50岁以上的企业家身上表现得尤为明显。取得过成功，拥有一定财富基础的人，并不意味着其能力和见识比别人强。互联网是一个分水岭，之前成功的人未必在今天也可以成功，恰恰是很多企业家都输给了互联网思维，完全跟不上形势的变化。

传统企业如何转型？首先要改变的是老板的思维。看过一个案例，某老板请了一个团队负责互联网培训，咨询人员反复强调网站内容快速更新的意义，但是进度缓慢。后来他们直接找到老板，老板听进去之后再要求部门去做，效果立竿见影。互联网思维也一样，如果带头人的思维不改变，整个企业的转型就不可能成功。

对于传统企业的互联网转型来说，最大的阻碍不是技术问题，不是资金问题，而是思维问题，尤其是企业负责人的思维。如果老板很古板，思维僵化，不喜欢变化，那么这家企业很快就会在互联网这条高速公路上被甩下。

海尔公司的互联网转型算是比较成功的，这归功于海尔董事局主席、首席执行官张瑞敏的远见和彻底的执行。2005年，海尔提出"人单合一"的管理模式，经过10多年的探索试错，海尔已从传统的企业转型成为一家互联网企业。现在提到海尔，大家会想到创客，每一个员工都可以在海尔平台上创业，直接面对用户创造价值。

曾经有记者采访张瑞敏："为什么一定要颠覆传统模式，创建互联网模式？"

张瑞敏回答说："因为商业模式、制造模式、消费模式都发生了颠覆。商业模式从分工式演变为分布式，互联网使得所有东西都可以在网上互相连通，分布式把所有资源连接在一起，谁能够把它连接上，谁就可以获得更多用户。制造模式从大规模制造到大规模定制，如果我们还停留在大规模制造，就会被边缘化。消费模式从产品经济到体验经济，过去产品经济时代，企业就是做产品的，做出产品之后一步步地分销出去，现在是体验经济，用户在网上，谁满足我的要求体验好，我就要谁的，体验不好随时更换。所以，互联网时代，一定要改变，否则时代就会抛弃你。"

"互联网+"与"制造业"

推动传统企业转型有一个简单易行的方法，就是多观察竞争对手，因为竞争对手肯定想方设法将他的竞争对手甩下，而竞争对手的做法可以为自己企业提供一些创新的思路。

互联网让世界变小了。传统企业还可以借鉴国外同类企业的做法，现在成功的互联网企业，很多都是照搬国外模式，经过国产化改造，从而取得成功的。

思维方式来源于生活经验的总结与提炼，很难被改变，更何况是老板，因为他们在某个领域已经取得了成功。例如对员工的管理，有的老板采用军事化管理，有的老板采用的还是国企的老一套，推崇集权式管理和集体主义价值观，这种管理方式在传统行业的确行之有效，但在凸显个性和自由的互联网行业就不合适了，会限制员工创新，阻碍企业快速发展。

因此，传统企业要想成功转型，企业家就必须率先走出惯性思维。现在无论是互联网企业，还是传统企业，都处在一个大变革的时代。对于某些老板、企业来说，这是最好的时代，也是最坏的时代。

原丰田汽车股份公司董事长、现日本经济团体联合会会长奥田硕说过："只有那些能够自如地应对经营环境的变化，不断进行自我变革的企业才可能保持住自身的优势。"在竞争如此激烈的当下，只有能够自我变革、洞察未来的企业才能更好地生存下去。

第二章 互联网3.0时代的预见战略

在互联网时代，预见未来是一项重要的能力。在这个时代，你的洞察力是不是足够敏锐，能否在最佳时间点发现人们最大的需求点。这个时候，企业的管理者一定要先知先觉，是走在时代前列，还是坐以待毙，完全在于商业领袖的超强洞察力。只有先知先觉的人才能和这个时代合轨，后知后觉者做得再好也只能成为跟随者。在互联网3.0时代，如果你没有高瞻远瞩的眼光，没有自我变革的勇气，仍然停留在传统产业的思路上，那么你跟你的企业很快就会被时代所淘汰。

互联网3.0时代，要求企业家具备超越常人的预见力。比如，新领域的开拓、新产品的研发，都需要企业经营者具备高瞻远瞩的洞察力，做好充足的准备，才能在激烈的市场竞争中立于不败之地。商业领袖最忌讳短视，尤其在互联网3.0时代，远见显得更为重要。

第一节 自我变革才能跟上时代

当年很多"70后""80初"，毕业后有的被分配，有的自己创业，都活得很舒服，那是因为时代的变迁，使得数字化变成了一项必备技能，这批人仅仅凭借着会使用计算机，就轻松淘汰了"60后"的一大批竞争者。

而"80后""90前"的这批人在职场的优势就不明显了，因为单凭数字化这一点优势，他们已经干不掉"70后""80初"这拨人了。变化就是机遇，因为可以凭借变化，超越一批技能落后的人。所以，不仅我们自己要学会自我革新，企业更是要学会自我革新。

马化腾曾在演讲中这样说道："……现在正是一个大变革的时代，如果没有任何变革的基因、变革的特点以及变革的追求，那么我们就会被时代遗忘和淘汰。企业的变革是没有终点的，没有所谓的成功企业，只有被这个时代允许存活下来的企业。无论是百度还是阿里巴巴，无论是华为还是海尔，在这个'大互联'时代，在这日新月异的市场环境下，必须不断地进行自我变革，来适应商业模式的变化，只有这样才有可能持续成功下去。优秀企业必备的竞争法宝就是敢于自我否定和自我颠覆。"

如今，传统企业的领地，正在被日益增多的互联网公司所侵蚀，就连一些占据明显资源优势的大型传统企业，也难以抵挡互联网新生企业的冲击。这是为什么呢？实际上，很多传统企业正好是衰落在既有的资源优势上。这些有资源优势的企业，往往只看到了自身的资源优势，而忽视了用户体验和用户需求，在市场竞争中，动作迟缓，并且没有什么拼劲，到最后只能落得惨败。越有资源就越是不行，这几乎已经成为互联网行业中的铁律。

一、运用互联网思维自我变革

毫无疑问，互联网3.0时代将会是一个大变革的时代，而企业的变革没有终点。没有所谓成功的企业，只有不断变革、不断进取的企业。无论是百度、阿里巴巴、腾讯，还是京东、华为、海尔、格力这些知名企业，在互联网3.0时代瞬息万变的市场环境下，必须不断地自我变革，以适应动态发展的商业变化，如此才有可能持续成功下去。

北京某厨具公司，主要有低、中、高端三种产品线，后来受竞争对手增加的影响，市场销量大幅萎缩，这家公司果断地推出新的品牌"云厨"，砍掉低、中端产品线，只定位于高端产品，对产品包装、渠道、招商、物料等进行了全线改革，线上和线下并轨运行，半年时间销售额就突破了3000万元。

很多企业的产品都会受到产品生命周期的影响，经过一段时间的推广宣传之后，会经历市场倦怠期，导致产品销量下滑。这时企业领导者应该果断转变营销思路，强推已经没有意义，而是需要自我变革，变革产品线，变革营销观，这样才能跟上时代，不被市场淘汰。

2018年4月，有27年历史的北京北辰购物中心亚运村店对外宣布正式停业。据市场研究机构的不完全统计显示，2017年全国至少有45家百货店关门歇业。

素有"外资百货第一店"的百盛商业集团，在2012—2016年总共关闭了16家门店。2017年6月，百盛商业集团正式关闭了北京的百盛常营店。至此，百盛商业集团在北京仅剩下一家门店。业绩持续下滑是百盛商业集团产生关店潮的根本原因，

2016年百盛商业集团的销售总额为165.99亿元,同比下滑8.2%。对于百盛商业集团来说,在营收和净利润都大幅下降的情况下,关店是最直接的止损办法。

除了受互联网大潮的冲击外,百盛商业集团未及时顺应市场和环境的变化而做出调整,商业模式不创新是其屡屡撤店的根本原因。

企业只有自我变革才能谋求新的生存空间。如今,到处都是电器,我们照明用的都是电灯,几乎没有人再用蜡烛了,蜡烛行业一度消沉,但是只要蜡烛行业自我变革,不断出新,一样可以迎来光明。天津恒进国际贸易有限公司推出了很多新款的蜡烛精品。形态各异的工艺蜡烛,颜色也多种多样,如红、黄、绿、金、银等,色彩绚丽夺目,包装也十分精致美观,既实用又可作为馈赠礼品,深得欧美广大客商的青睐。

过去的商场,要想生意兴隆,就要开在客流量大的地区,而且生意火爆程度主要看周边地区的人数。互联网时代到来之后,地域的维度几乎没有了。人们足不出户,上淘宝一搜,什么都有,还快递送到家,价格比商场还便宜,于是线下很多企业很快陷入了困境。

现在有手机的人几乎都在用微信,那么微信的竞争对手是谁?电信、移动、联通吗?不是。微信不收通信费,就已经甩了那些运营商几条街。

互联网电商潮淹死了一批曾经的王者,如百年柯达、诺基亚……面对新的消费习惯和商业模式,他们因为应变能力差,只在维持。反观苹果、特斯拉等企业,在互联网时代活得如鱼得水。可见,胜利属于善于运用新技术与新模式的自我变革者。

在国际市场上,西门子公司声名显赫。由于近几年来营业额增长缓慢,西门子公司决定"革自己的命",面对互联网时代的到来,他们提出了以下几点应对措施。

第一,大胆起用有才华的年轻人;

第二,减少决策层,从原有的7级减少到4级;

第三,为了应对变化和竞争,把公司分散成许多有自主权的小公司、小企业,以利于与其他中小企业竞争。

西门子公司进行的这番改革可谓大刀阔斧,耗费了不少精力和时间,搭建了自己的MindSphere云平台,为应对互联网3.0时代,他们已经做好了准备,如今也算是活力重生,业务蒸蒸日上,向新时代的挑战者们发起了反攻。

时代不一样，思维也要跟着改变。跟不上时代的人，最终只有一个结局，那就是被市场淘汰。那么，企业该如何进行自我变革呢？这里有两点提示。

（1）"归零"心态

海尔和小米代表着组织变革的两种类型：前者是在既有组织中开展变革；后者是一群带着对先前组织方式深刻"反思"的创业者，在新组织中展开的变革。但两类组织有一个共同特点就是具有鲜明的"自以为非"文化基因。海尔倡导"没有成功的企业，只有时代的企业""繁荣的顶峰就是衰败的开始"，企业时时刻刻保持着一种强烈的"危机意识"和"变革意识"，探索着企业发展的"新轨道"。这种"归零"心态使得海尔日益壮大，也为很多企业做出了榜样。面对企业发展环境的变化，要能迅速"归零"，又能迅速重新出发，自我颠覆，这才是互联网时代企业成功的原因。

（2）中性思维

中性思维方式源于东方传统文化，"中"是居于事物发展的中端，起着承前启后的作用，承载着事物的生成和发展。"中性思维"的核心恰恰是在快速变化的环境下为企业决策提供更广阔的选择空间，驱动变革持续前行。比如，海尔的"雷神"游戏笔记本是两个"85后"、一个"90后"的年轻人创建的，按照传统企业的流程和决策，这个项目很容易夭折，但是海尔的平台给这类"小微"提供了创业成长的机会，给予他们一个"中性突变"的空间，结果他们就成功了。类似的，在小米的实践中，强调"容错机制"，也因为错误往往是成功的开始。现代企业想要快速融入互联网，思维一定要跟上，接受新事物，用"中性思维"去对待新事物，也是成功的一个途径。

二、商业模式的创新与再造

根据企业外部的生态环境变化，不断就商业模式进行适应性更新与变革是核心成长力的终极体现，也是企业成功的核心所在。

Casper是一家互联网床垫初创公司，为了发展业务，这家公司打

Casper床垫Logo

破了传统的企业模式。比如，直接和生产商对接，减去了大部分不必要的开支，同时去掉中间商和卖场，直接面向消费者，省去了2/3的成本。他们完全利用网络进行销售，顾客一键下单，自动送货上门，并且价钱比实体店便宜了很多。这种商业模式的创新，使得Casper公司的发展一日千里，在产品推出的最初28天内，其销售额就已超过100万美元。

对于商业模式的创新与再造，埃森哲咨询公司给出了以下几种途径。

第一，通过量的增长扩展现有商业模式。这种模式即在原有商业模式的基础上将业务引向新的地域、增加客户数量、调整价格、增加产品线和服务种类等。这些都属于通过量的改变在原有商业模式基础上增加回报。

第二，更新已有商业模式的独特性。这种途径注重更新的是企业向客户提供的价值，借以抵抗价格战带来的竞争压力。其实就是提供增值服务，让客户觉得花大价钱也物有所值。

第三，在新领域复制成功模式。有些情况下，企业用现成手法向新市场推出新产品，等于在新条件下复制自己的商业模式。比如国内的吉利汽车，在收购沃尔沃汽车后，利用沃尔沃的技术优势，打造了诸如博瑞、博越、帝豪GS、帝豪GL等高品质的汽车，深得消费者的喜爱。在此基础上，于2016年10月20日，公司在德国柏林发布了全新汽车品牌LYNK & CO。LYNK&CO品牌定位于吉利与沃尔沃之间，未来将与大众、丰田等海外主流品牌进行竞争。这就是复制现有成功模式进行再创新，也就等于在红海中开辟出自己的一片蓝海。

第四，通过兼并增加新模式。相当多的公司是通过购买或出售业务来重新为自己的商业模式定位。比如，2017年7月，北京三元食品股份有限公司宣布联手复星集团下属公司以6.25亿欧元共同收购法国健康食品公司St Hubert。2017年11月，海信电器耗资129亿日元收购东芝映像解决方案公司95%的股权。2018年2月，吉利控股集团斥资90亿美元收购了戴姆勒股份公司9.69%具有表决权的股份，并一跃成为该公司的最大股东。中国企业的海外并购，可以借此提升企业形象，提升产品品质，还能高水平参与国际分工合作，这种方式值得很多企业一试。

第五，发掘现有能力，增加新的商业模式。有些公司围绕自身独特的技能、优势和能力建立新的商业模式，以实现利润的增长。加拿大的Bombardier公司是靠制造雪地车起家的，通过分期付款的方式向客户销售雪地车。现在他们开始涉足财务服务,进而又开展雪地车租赁业务。这就是在老基础上的新创造。比如,当当网就利用自己图书销售第一的优势,组建自己的图书公司,在当当网销售自己公司出版的图书,这就是新增的利润板块。

第六,根本改变商业模式。这种情况在IT业尤其多见。比如大型跨国公司HP、国内公司联想,他们从卖PC机、造PC机到系统集成、电子商务,不断改变着商业模式。还有小米公司,从卖手机起家,到现在触角深入小家电、健康产品等。

在互联网3.0时代,企业除了关注商业模式的创新与再造,还要注意自己的行业要求,是走轻模式还是重模式的道路。轻模式指的是平台模式,重模式则是指自营模式。

轻模式就是技术研发+市场推广+招商部门。优势就是运营成本低,因为省去了仓储、物流等环节,所以启动成本低,再加上信息系统基本都是现成的,不需要投入太多研发费用,直接改动就能开始。劣势就是因为启动方便,所以竞争者众多,大家都会采取这种方式入场,加剧了企业间的竞争。

重模式就是市场推广+技术研发+仓储+采购部门+物流配送+售后服务。其中关键业务模块是技术研发、仓储、采购、物流。这四个模块都是重投入。劣势就是运营成本过高,并且重资产、人力投入,资金损耗巨大。

以上两种模式是当下市场的主流模式,各有优劣。对于初创企业来说,可以利用轻模式,但规模做大之后就应立即转为重模式。这就是为什么阿里巴巴那么重视技术、重视生态系统。采用轻模式的初创公司一旦成功,势必吸引众多的模仿者,这时必须重新寻找竞争优势,奠定坚实的基础。也就是说,企业需要开启重模式,积累竞争优势,这也是最终成为大公司的关键。

凡客诚品开创了在网上卖服装的先河,当初也是风光无限,其把准了互联网的脉搏,引领了互联网快时尚服装品牌,颠覆了传统服装行业,走的是轻模式路线,自己设计、外包生产、营销创新等,不建工厂,不招工人,不到两年的时间,凡客公司的最高估值达到30亿美元。但是由轻到重这个过程,凡客没有做好。凡客在重模式上没有积累自己的核心优势经验。2013年之后,凡客口碑飞流直下,只剩下价值19亿、5000多万件的库存商品,员工从1万多人缩减到100多人。如今,凡客仍然存在,但发展前景堪忧。

所谓"模式不对,一切白费"。轻模式和重模式都有优势和劣势,如何掌握两者的平衡点,如何发挥出两者的优势,避开两者的劣势,才是现在企业所要考虑的问题。

三、旧行业消亡,新行业兴起

1. 旧行业的消亡

自从互联网开始逆势增长起来,实体经济一直在走下坡路,中国实体经济的转型之路已势在必行。让我们来看看未来哪些行业的前途最危险。

(1)重污染、不健康的产业

我国作为烟花爆竹的生产、消费和出口大国,现有生产烟花爆竹的企业约7000家,产量约占世界的75%。但是烟花爆竹行业的内部问题却很多。据美联社报道,作为烟花爆竹的发明者和生产大国,中国出口到海外市场上的烟花爆竹越来越少了。烟花爆竹陷入衰退的局面与空气质量日益恶化以及人们的环保意识增强有很大关系。

烟花生产企业也可能像绚丽的烟花一样转瞬即逝

除了烟花爆竹这种污染性较强的产业外,不健康食品产业也将面临被淘汰的风险,因为人们逐渐增长的健康意识,让这类行业看不到任何机会。自2011年开始,中国方便面销量连续6年下跌。2016年1—8月,根据对全国22家方便面企业的统计,有9家都出现销量下跌的情况。不仅如此,可口可乐集团公布的2016年半年报显示,销量同比下跌4.6%。在过去的几年里,对食品饮料行业影响最大的,是人们的健康理念的改变。随着人们公共健康意识的觉醒,人们越来越厌烦添加剂、转基因等食品,更加青睐纯天然、无污染的食品。

(2)设备陈旧、效率低下的企业

随着移动互联网的迅猛发展,纸媒的日子也开始不好过了,逐渐显露出被电子媒体取代的趋势,书刊、报纸等印刷行业的市场大幅萎缩。2014年12月,深圳老牌印刷公司万彩印刷宣布关停工厂;2015年春节后,深圳又一家老牌印刷厂永联彩印也因为订单枯竭而倒闭;2015年1月,新加坡上市公司丰彩传媒集团旗下的广州丰彩印刷公司正式停产;2013—2014年,珠三角有一半以上的中小型印刷企业倒闭。

印刷行业也面临洗牌

抛开企业管理落后、设备陈旧、生产效率低下的问题,最关键的原因就是受互联网的冲击,时代在变,企业若跟不上形势的变化,只有死路一条。

2. 新行业的兴起

夕阳行业的衰落为企业敲响了警钟,因此,企业管理者要以互联网思维去考虑今后的发展方向。接下来,让我们来看看朝阳行业,这些行业尤其值得资金并不雄厚的创业者关注。

(1)老年用品和服务行业

2018年1月,国家统计局的数据显示,目前全国60岁以上的老人总数超过2.4亿,占总人口数的17%还多。也就是说,100个人里面就有17位老人。其中蕴藏着巨大的经济效益,有远见的企业家一定不会忽视。开发老年人所需的产品,是一条不错的创业之路。

未来养老行业的前景广阔

目前,我国老年用品和服务的市场需求为每年6000亿元,但目前每年为老年人提供的产品和相关服务不足1000亿元,供需之间的巨大差距让老龄产业"商机无限"。

(2)教育和培训行业

中国适龄劳动人口基数巨大,在劳动力技术技能培训领域拥有巨大的需求,这一点从目前知识付费的火爆程度已经不难看出。随着国人意识的进步,对于教育培训的投入逐年增大,这也是如今线上教育风生水起的原因。

在线教育是当下的风口

（3）旅游行业

中国人有钱了，那就得出去玩，从未来发展趋势看，中国在线旅游行业会持续保持快速增长态势。这个市场的潜力是巨大的，相关机构统计2018年旅游总收入已将近达到6万亿元。

旅游市场商机无限

（4）健康管理行业

马云说，未来首富一定会出在医疗大健康行业。2018年4月，腾讯研究院发布的《中国"互联网+"指数报告（2018）》指出，商业服务、生活服务行业在2017年增长放缓，而医疗、教育、文化娱乐行业延续了高速增长的势头，其中医疗产业增长371.9%。在"2018中国独角兽100强"榜单中，医疗健康企业占了18家，成了最热门的行业。

（5）美容护理行业

爱美之心人皆有之。随着生活条件的逐年提升，人们对于头发护理、皮肤保养也会加大资金投入，这也是很容易理解的。2018年中国化妆品市场规模达3000多亿元人民币，其中线上交易规模将占据半壁江山。进入美容行业，门槛低，利润高，值得创业者关注。

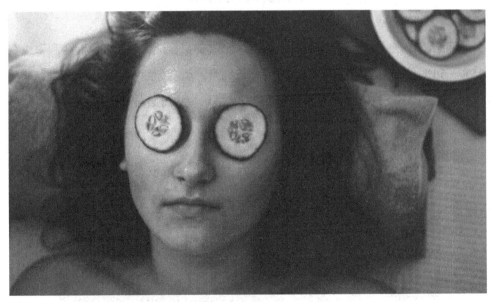

美容护理行业也是创业者应该关注的热门领域

（6）婴幼儿用品

中国目前0~6岁的婴幼儿数量超过1亿，仅仅以尿不湿产品为例，不满周岁的宝宝平均每天使用5片尿不湿，以每片售价2元计算，一个月就需要300元左右，这还是保守估计。此外，新生宝宝除了生活必需品，还有医疗、卫生、照看、玩具、服装的费用。这个行业同样具备相当大的市场商机。

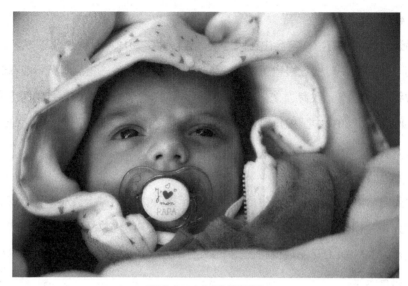

妈妈们绝不会吝啬给孩子花钱

（7）网络游戏

网络游戏产业的毛利率高达50%以上，最高的甚至达到了75%，而净利率也在25%～50%。如今腾讯在网络游戏方面一枝独秀，茶余饭后，经常听到有人在群里喊："组队吃鸡了！"做生意要从人性出发，而玩游戏正是人们的天性之一。

热门网络游戏《绝地求生》

只要创业者多运用互联网思维，结合互联网的优势，肯定能找到创造财富的新出口。

第二节 互联网3.0时代的创富机遇在哪里

互联网3.0时代，新技术浪潮席卷而来，大数据、O2O、工业4.0、新能源、新材料、生物技术、区块链……在这股浪潮的冲击下，经济与商业格局正在面临改造与重构。在新技术浪潮的冲击下，一系列传统行业和商业模式面临着重新洗牌，甚至被全面颠覆的风险。尤其是对传统企业来说，既是挑战又是机遇。

每一次新的商机，都意味着一批新的超级富翁耀世而来。对于身处全民创业时代的中国人来说，无疑具有强大的吸引力。那么，如何去寻找新的商机呢？

- 关注大公司的服务和产品，找出问题。你要记住，他们的问题，就是你的机会。
- 找到问题之后，询问身边用过这些产品或者服务的人，寻找认同度最高的问题。
- 问题确认之后，这就是你的机会，你要试着完善这个产品或者服务。

就拿最传统的面包糕点行业来说，到处都是蛋糕店、蛋糕坊，想要推陈出新，突出重围，确实比较困难。有一家店却别出心裁。在广东，一般清明节祭祖都会用到"金猪"，也就是烤乳猪，但是烤乳猪的价格从几百元到上千元不等，祭祀完，吃不了还浪费，有家面包店就推出了面包"金猪"，外观、色泽与烤乳猪接近，但价格却低廉不少，一般在30元左右，很多人转而用面包"金猪"代替烤乳猪去祭祖，这家店因此获利颇丰。这就是发现问题进行拾遗补阙的商机。

一、瞄准互联网下的"90后"

在中国，"90后"是一个2亿人口规模的超级群体，"90后"的年轻人，是与互联网一起成长起来的，他们喜欢挑战传统，喜欢追求新潮和时髦。李宁、匹克等传统运动品牌为什么会遭遇关店潮？万达百货为什么会砍掉25%的营业点？依赖传统快消渠道的汇源为什么会持续亏损？这一切很大程度上是因为他们没有抓住"90后"这群消费者。对任何一个品牌而言，都应该揣测、研究、维护好年青一代，这样才能抓住他们的钱袋子，况且现在的很多年轻人根本就不差钱。

互联网3.0时代,年轻人是主要消费群体

在互联网3.0时代,"90后"已经成为今天创业者中的主要群体,他们更追求个性和自我的释放,随性而行。珂菲·诺咖啡就曾经是因为关注"90后"而成功的典范。

珂菲·诺曾经是中粮集团旗下的咖啡品牌,2014年第22届亚太经合组织(APEC)全球最高领导人会议唯一指定咖啡品牌。后来越来越多的"90后"创客正被珂菲·诺的咖啡所吸引,珂菲·诺的理念就是"将服务做到一流,将体验做到极致",让创客们参与其中,真正把珂菲·诺当成自己的品牌。珂菲·诺深深抓住"90后"的心,一切围绕"90后"的喜好而改变,珂菲·诺成为当时国内知名的咖啡品牌。

2017年11月,国际知名咨询公司麦肯锡发布的中国消费者调查年度报告显示,"90后"正在崛起,成为中国消费新引擎。报告称,"90后"消费群体占中国总人口的16%,从现在起到2030年,他们将贡献中国总消费增长的20%以上,高于其他任何人口类别。

那么,如今都有哪些行业瞄准了"90后"的消费群体呢?比如快递、公寓、餐饮领域。

每年毕业季到来的时候，快递公司为了抢占毕业生托运市场，纷纷主动出击，在校园附近设立专门的托运点。同样，毕业季也带火了大学求职公寓，一间房住十几个人，每人收费300～500元，就相当于8000～10000元的收入。跟着沾光的还有学校附近的小餐馆。"谢师宴""散伙饭"生意也随毕业季的到来渐趋红火，学校附近的餐馆尤其受学生欢迎。

"90后"不差钱，但是想要挣他们的钱，就要先了解"90后"的需求，找到他们的需求点。你知道"90后"都喜欢什么吗？

① 汽车。从2013年开始，长安福特汽车发现白色车型出现高达40%的年增长率。调查后发现，"90后"非常喜欢白色的长安福特汽车。于是长安福特汽车有限公司立即转型，在产品端制造出更多年轻、时尚的车型，从而大获成功。

② 美食。在餐饮消费的人群中，有数据显示，"90后"贡献了餐饮消费50%左右的订单。现在的年轻人比较忙，观念超前，在他们看来，时间更值钱，所以即便楼下就是饭馆，他们还是选择用手机点外卖。当年轻人成为市场消费主力，如何吸引住他们，就成为餐饮业共有的课题。

汽车与美食只是"90后"感兴趣的部分领域，还有很多他们感兴趣的领域都蕴藏着巨大的商机，需要企业家用自己的眼光去发现机会。

"90后"生长于移动互联网时代，对于内容玩法、互动性更清楚。在互联网3.0时代，不管是传统企业还是新兴企业，最重要的是"进化"，紧随时代脚步，关注"90后""00后"，为他们服务，才能赚到更多的利润。

二、得草根者得天下

在中国，有5亿～6亿的草根人群，他们收入水平不高，群体庞大，由于基数大，由他们所组成的群体的消费能力也十分惊人。草根人群喜欢什么、需要什么，只要你在中国做互联网，就必须重点关注，因为里面藏着巨大的商机。腾讯、阿里巴巴、小米……是什么成就了这些大公司？实际上绝大部分消费者都来源于草根阶级。

在日本和韩国有一类人群被称为"草食男"，这类人不买奢侈品，不买汽车，不买房子，甚至也没有兴趣交女朋友，他们最大的兴趣来自精神层面，会将收入的30%花在包括游戏、动漫、各种付费服务或虚拟物品的购买上。

"草食男"在我国的基数更大，里面孕育的商机不言自明。在互联网时代，事业要想做大，就必须抓住草根阶级，必须了解这类人群的心理和需求。

就拿上班族的午餐来说，在一个三线城市，快餐有以下两个选择。

快餐A：一荤一素一盒米饭，成本6元，售价8元，利润2元，尚算可口，加工难度低，可大批量生产。

快餐B：一荤两素加个鸡蛋，一盒米饭，还有一杯饮料或者热奶，成本12元，售价20元，利润8元，营养丰富，美味可口，加工难度较高，需要时间较长，但也可以量产。

由上可知，快餐B利润为快餐A的4倍。但因为作为上班族的午餐，快餐B的消费门槛比较高，挡住了大多数草根阶级。最后很可能造成的结果是：快餐A日均销售量过千，而快餐B销量不高。

互联网3.0时代的特点之一就是，让"非主流"成为"主流"。即便是小众产品，在互联网的聚合作用下，也能找到一批爱好相同的人，而商家依托这部分人群就能发展得很好。

9158是国内最大的网络视频卡拉OK聊天社区，拥有可供多人视频的聊天室，用户可以在聊天室唱歌、玩游戏等，聚集了大量网民，9158上的主播可能有几万、几十万的粉丝，粉丝可以花钱送礼物、送飞机等，包括花椒、映客等，他们单个消费能力不是很强，但是通过互联网聚合起来就会产生强大消费能力和影响力。

企业经营者应该知道，得草根者得天下，首先要真正重视这类群体，虽然个体消费能力有限，但是基数大，一旦通过互联网聚合起来，那么消费能力是非常惊人的，其中的利润会让你惊掉下巴。其次，了解草根阶级的心态，当你研究目标群体客户的时候，自己必须成为他们中的一员。比如史玉柱做游戏，自己也是资深玩家，这样才能更好地了解、分析这个群体。最后，要意识到互联网长尾经济的厉害，任何一类人通过互联网聚合起来的能量都是惊人的。

再举个例子，就拿国家大力支持的新能源汽车来说，是火了一阵子，但是购买的人还是不多。有统计数据显示，截至2017年年底，全国机动车保有量达3.1亿辆，其中汽车2.17亿辆，新能源汽车保有量达153万辆。相对于传统的汽油车，新能源汽车的数量还是太少了。

再看看电动自行车，它的受众群体则来自广大的草根阶级。有调查显示，中国现在电动自行车保有量达3亿辆，尤其是在沿海城市，电动自行车使用率极高，超过60%，一个500万人口的城市，电动自行车的数量就多达250万辆，其中的商机可想而知。

草根阶级的消费能力是绝对不容忽视的，他们被看成是中国互联网的基本群众，现在的企业想要过得舒服，就要服务好这部分群体，投其所好，这就是互联网制胜的第一要义。

奢侈品卖得再贵，毕竟面向的还是小众群体，只有直面大众群体的需求，才能牢牢地占据市场，做大做强。例如，共享单车就是关注到大多数上班族的需求，解决了从家里到地铁，所谓"最后三公里"的问题。

草根阶级是市场的基础力量，是市场最主要的用户群体，而所谓的精英群，就是小范围的小股力量，与草根阶级比起来，他们反而是非主流群体。

中国的超级大公司，如百度、阿里巴巴、腾讯、京东等，都是将着眼点定位于草根阶级，最终快速做大做强。可以说，正是这些草根阶级，撑起了互联网的半壁江山。

三、"无聊经济"，瞄准懒人

所谓"无聊经济"，实际上是一种"眼球经济""注意力经济"，帮助人们打发无聊的时间。各种APP应运而生，就是瞄准了"无聊经济"的领域。

玩微信、打游戏、看视频，只要点开APP，一下子把空闲时间占满了，也就不会再感到无聊。互联网和移动互联网创造了诸如微信、直播、游戏等虚拟社交活动，就是在帮你消磨、浪费时间。打开手机，微信聊一聊，朋友圈互动一下，消耗半个小时；再看一下小视频或者玩一会儿小游戏，时间很快会消耗过去。如今，手机不再只是一部通信工具，更是一部娱乐工具。

"无聊经济"带来的生产力不可小觑，腾讯"帝国"就是从那时开始构筑的，马化腾的QQ刚刚诞生的时候，人们对此嗤之以鼻，认为是无聊的东西："有什么事情当面说就好了，干吗要去上网说，即使不在一起，打电话就好了，这么方便……"

QQ诞生之初，也确实只是年轻人打发时间玩的无聊软件，但是谁又能想到十几年之后，QQ为马化腾造就了一个商业帝国。如今，腾讯控股市值高达5000亿美元。

"无聊经济"直接催生了"直播经济"和"网红经济"。随着互联网3.0时代的到来，兴起了众多直播平台，培养出各式各样的网红。如今，对于年轻人来说，看直播已经跟追剧同等重要了。

提到网红，不得不提papi酱，她凭借犀利的吐槽和自娱自乐的表演，获得上千万名粉丝的关注，并迅速火遍了全网；《罗辑思维》的创始人罗振宇，同样是借助知识付费的热潮，把自己打造为知识付费领域的超级网红。罗振宇还花1200万元投资papi酱，还将papi酱的广告拍卖了2200万元。如今，papi酱出场价200万元，有钱还不一定能请得动呢。

存在即合理，"无聊经济"背后是大众真实的"无聊需求"的存在，企业只要发掘并利用好其中的需求，就能创造巨大的商业价值。

"无聊经济"直接催生了"懒人经济"。因为无聊而变懒，因为变懒而更无聊，这就为更多的企业经营者和创业者提供了创业的风口。从网购到快递服务再到外卖，"懒人"们养活了越来越多的行业。比如，为了服务"懒人"，一些同城跑腿服务公司开始相继出现。其中有北京"时代专列"、宁波"来发"、深圳"万事帮"、广州"小二"等。近些年，专业的跑腿公司UU跑腿和闪送都发展迅速，还有人人快递、邻趣等也在不断发展壮大。目前，能想到的、能做到的、有可能实现的，是帮助"懒人"送餐、洗衣、开车、买票、美容、美甲等个性化代劳服务，而互联网为实现这些设想提供了技术保证。

懒人经济

在河南理工大学，有个"1元到寝，日订千单"的故事。学生通过学校后勤管理处的官方公众号"河南理工大学微后勤"，就可以直接在学校食堂点餐，多加1元配送费就有专人将外卖送到宿舍。在郑州大学也有类似的公众号，一天最高的订单数高达2000单。

这就是时代的变化，在互联网3.0时代，一切皆有可能。

企业家从不考虑事情有多么荒唐，他们只考虑其中的商机。定位懒人，服务懒人，已经有很多企业为懒人生产出一系列产品。比如懒人取物夹，取物夹长1米，只需按下把手，直径2米以内的物品都手到擒来；懒人多层剪刀，分上下5层，5层刀片会将物品剪成5份；懒人花盆，分设上下两层，上层种花，下层蓄水，用一根棉线连接起来，水就会顺着棉线滋润土壤。

…………

在互联网时代，企业要想生存，就得瞄准无聊，读懂懒人，生产对他们有用的产品，这样才能在互联网大潮中畅游。

第三章 互联网3.0时代的组织模式

一般来说,我国大多数企业采用的都是传统的自上而下的金字塔式管理结构,这种组织模式的优势是从上到下,层层管理,组织结构严谨,分工明确,命令下达迅速;劣势就是机构臃肿、人浮于事,拿钱的人比干事的人多,人员执行力差,推卸责任,尤其在信息量大且机会稍纵即逝的互联网时代,这种模式将严重影响企业决策。

随着互联网技术的广泛应用,形成了全新的商业模式,也对传统产业链产生了巨大冲击,不仅影响业务模式,还影响到组织管理领域。可以预见,未来是无边界组织,权力指挥链不再是以企业内部权力、运营为中心,而是自下而上的形成组织,也不再是以职能为中心,而是以客户为中心、以终端为中心,形成组织生态圈。

第一节 构建多方共赢的平台生态圈

企业构建自己的互联网平台,可以获得巨大的商业资源,从而在激烈的市场竞争中领先对手。通过平台,企业的内部信息交流可以更顺畅;通过平台,企业可以更加快速地获取最新的商业信息;通过平台,可以发布信息,建立网上品牌,保护企业的无形资产等。诸多好处坚定了企业家打造企业平台的信心,那些有眼光的企业家,知道在互联网3.0时代,建立企业自己的电子商务平台是多么重要。

做平台这种商业模式,说白了就是依靠平台做综合服务。比如,某家为楼盘提供物业服务的公司,在传统的物业之上为居民提供家政服务,为各个小区业主提供农产品销售,在小区里做电视屏,让每家都能看到商品信息。因产品质优价廉,居民也喜欢购买,规模越做越大,辐射到了更多的小区。

如今,我们对于平台这种商业模式已经十分熟悉,淘宝、亚马逊、京东、当当网等,都是需要我们付费的电子商务平台,我们付钱,然后购得所需的商品或者服务。还有搜狐、百度、优酷、爱奇艺等，这些平台提供的内容很多是免费的，我们只需要忍受平台方的广告，如果不享受会员服务是不需要花费一分钱的，他们的收益依赖于用户企业、广告商等。

如今，传统企业的传统渠道日渐萎缩，在互联网3.0时代，企业必须做电商。但是，做平台、做电商投入不是小数目，为了简便，很多企业依附于天猫、京东、苏宁易购等大平台。但是大平台不是免费使用的，不仅要缴纳平台使用费和保证金，还需要投入大量推广费用获取流量，这些企业的利润在很大程度上被平台拿走。

钱被平台拿走了怎么办？利润从哪里来？个别供应商只能通过降低产品质量获利，然而却毁了自己的口碑和消费者的利益。结果，他们陷入了越做越差的怪圈，很快会被淘汰掉。

中小企业是很难撼动拥有大平台的公司的，为了生存，中小企业只能从无助、无奈到妥协。

难道没有解决办法吗？其实解决办法也简单，那就是构建多方共赢的平台生态圈，打破单打独斗的小格局，造就一个多方共赢的、共享全渠道经济的运行机制。

综观全球市场，平台经济疲态已经显现，整体发展进度缓慢，可以说已经接近天花板，有远见的企业已经开始着手建造完善、强大的生态体系，这也是各大公司长远的战略。百度、腾讯、阿里巴巴、京东、小米……都在不遗余力地构建多元的生态系统，打造更具价值和影响力的体系。

一、保证供应链互利共赢

互联网的本质，是利用互联网作为载体，让物尽其用。对产品供应商来说，电商平台的诞生，让他们省去了很大一部分成本，提升了产品销量，增加了现金流，品牌知名度也成倍扩散。此外，由于电商平台具有高度的网络互动性，通过互动产生的数据极为丰富而且真实有效。每一个用户在电商平台活动产生的数据，都是非常有价值的财产。如浏览网站，在网页停留的时间和点击次数、个人的兴趣、关注的热点等，这些数据都是企业赖以生存的基础。

电商平台的作用就是将这些数据整合在一起进行分析，通过大数据挖掘与整合，最终为客户提供他们需要的信息、产品，匹配效率以及精准度都会大大提高。

例如逛淘宝，用户浏览了一些商品，下一次登录网页时，就会出现很多上次所浏览的类似产品的广告，这就是淘宝网通过用户的浏览数据，为用户匹配的相关产品。

当平台的用户达到一定规模的时候，电商平台利用大数据方法和分析工具，就能不断地将用户分等级，根据等级，给商家和客户推荐资源，使得商家和客户能有效对接。这样企业的平台就成为一个庞大的生态系统。

腾讯可以说就是一个平台生态圈。腾讯的用户数量庞大，QQ累计用户数有20多亿、微信累计用户数有9亿。腾讯提供的产品和服务超过300多款，涵盖了通信、社交、游戏、新闻、购物、支付等所有热门领域。拥有如此庞大的生态圈，腾讯初步形成了"一站式"在线生活的战略布局。所谓一站式在线生活，就是只要你连网在线，无论你想做什么，找腾讯就够了。2017年的腾讯控股市值高达5000亿美元，同时腾讯也成为亚洲最值钱的科技公司。

很多平台企业都是轻资产模式，公司自身并不需要研发或囤积产品，而是将不同群体的供给和需求联系起来。按理说，有了平台模式，生意应该好做多了，但是很多供应商却抱怨挣钱太难。

笔者认为挣钱太难的主要原因有三点。

第一，同质化严重。同类型供应商太多，商品供大于求。

第二，中小企业缺乏平台支持。一些中小规模的供应商，没有品牌知名度，平台不愿意推广他们的产品。

第三，没钱烧，自然就没有流量。

实际上，这个问题应该引起平台方面的重视。那么，传统电商平台如何保证供应商的利益，帮助供应商提升销量获得利润呢？

我们通过全世界最大电商平台之一——亚马逊公司的案例进行讲解。

截至2018年4月，亚马逊市值已经接近7000亿美元。华尔街著名投资银行杰弗瑞预计亚马逊的在线广告业务将在未来5年内实现快速增长，并预测亚马逊的市值将在2022年达到1万亿美元。

亚马逊的成功得益于其开放的策略，是成功拥抱互联网的典型案例。2007年，亚马逊开放网站平台，让外部商户甚至竞争对手都可以在自己的网站上销售商品。这在当时看上去很荒唐，简直不可想象，很多业内人士都批评亚马逊的做法，认为这种举措是一种失误。

然而，仅仅过去了3年，亚马逊就证明了这个决策是正确的。商家只需要把货物发到亚马逊的仓库，其他的都不用管了。包括处理在线订单、包装、物流、退换货等问题，统统由亚马逊公司负责，可谓一站式服务，省去了商家很大精力，也节省了成本。

亚马逊利用自己建设的IT系统以及供应链，吸引了许多中小商户加盟。有些B2C网站直接以亚马逊的解决方案搭建自己的平台，统一在亚马逊旗下，不仅省去了技术费用，还利用了亚马逊巨大的流量，推进其商业发展。

随着互联网3.0时代的到来，企业之间拼的已经不再是产品，而是生态圈之间的竞争。企业不但要保证自己的生态圈能使上下游的客户都受益，还要确保供应链上的每个环节都能互利互赢，这样才能在激烈的竞争中胜出。

那么，是不是搭建一个电商平台就能赚钱了？没那么简单。还需要想方设法吸引客户，没有流量的平台，没有人关注。如果企业只负责搭建平台，然后就找供应商要钱，其余的一概不管，那么这样的平台很难在竞争中存活下来。毕竟，如果无法吸引用户，对平台和供应商而言都是致命的。

此外，平台是为供应商提供一个电商渠道，不要自己又做平台又做销售，那就容易把自己做死。平台电商要谨记自己是老师，不要跟学生抢生意。例如，搜房网之前是老师，主要是广告模式，帮助中介和购房者产生连接。之后，自己又开始做交易，抢了之前客户的生意。因此，在很多区域都导致了中介公司的集体抵制。

曾有一家销售润滑油的公司，他们的思路就很好。第一件事情就是搭建自己的平台，然后把300家经销商转化为服务商，之后又把轮胎企业也加了进来。用户在这个平台上买轮胎的时候，到经销商那里换轮胎或者安装轮胎，轮胎企业给经销商钱。所有的产品都可以到他的服务商那边去进行免费的更换和维修。这就是围绕客户需求创造不同的产品线，为客户的需求提供服务。

好的商业模式，核心就是让供应商赢利，让客户能获得需要的产品和良好的服务。通过"互联网+传统渠道"，企业可以发挥传统渠道的优势，又可以弥补传统渠道的短板，让企业得以更好地服务终端用户。

比如国内最大的电商平台淘宝网，为了让平台上的店铺和客户都受益，淘宝网不断更新自己的平台，当假货泛滥、骗子商家增多的时候，他们为了维护客户利益，及时进行平台升级，比如建立了"淘宝商城"（天猫），获准进场的商家必须口碑良好，这样经过自我更新，淘宝生态圈再次赢回了客户的信赖。试想一下，如果当初放任自流，现在的淘宝网可能会失去很多消费者的信任。这种随环境变化而能够持续创造价值的特性，是生态圈优于传统价值链模式的另一特点。

二、如何构建平台生态圈

海尔集团董事局主席兼首席执行官张瑞敏说："很多互联网时代的企业只不过利用了互联网技术，其实不能算互联网企业。我自己感觉，互联网企业应该是一个生态系统。凯文·凯利有一句话说得非常经典，所有的公司都难逃一死，所有的城市都近乎不朽。为什么？因为所有的公司都是封闭的，而城市是开放的，是不断演化的。所以，公司可能到最后就被自己憋死了。"

海尔企业就打造了自己的平台生态圈。张瑞敏认为："过去企业是一个如'航母'般生硬的组织，是紧耦合结构，只要坏一个齿轮或螺丝，就趴窝了；现在是松耦合结构，一两百块并联体，死了5块，其他生长茂盛，还有新生力量。"这个"生态圈"中，会聚了平台主、小微主和创客共6万多人。得益于生态圈的建设，海尔已变出200多个小微企业。

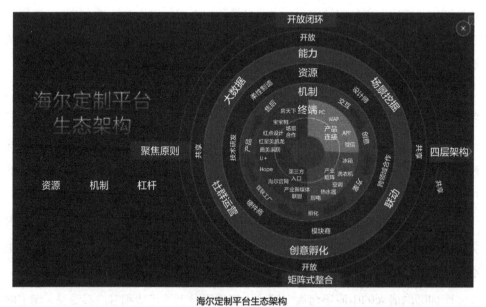

海尔定制平台生态架构

百度在10年多的时间里，基于搜索平台的技术资源，开发出游戏、音乐、旅游、视频、地图、百科、输入法等多种免费服务。通过完善平台功能，紧密联系人们生活的方方面面。用户可以不用百度音乐，但是可能会用百度搜索；用户可以不用百度输入法，但是也许会通过百度地图查找公交路线……只要用户用了一种百度提供的服务，就成为百度用户，其行为将变成百度的数据被记录下来，除了支持百度通过数据分析做精准营销外，还有可能在未来将用户吸引到百度的其他服务之中。百度就这样为自己搭建了一个生态平台圈。

互联网3.0时代，对于平台型的公司，应该怎样构建自己的平台生态圈呢？也许下面的几个步骤能够为平台型的公司提供一些帮助。

第一，确立核心价值点。找到诸多价值链中有共性的环节，提高效率，为一个或多个价值链提供更多价值，就可以此为基础，建立一个平台。

第二，建立核心优势，扩展平台。在现有平台的基础上进行扩展，建立起如技术、品牌、数据、管理系统、用户习惯等自己容易复制，但是别人很难超越，而且边际成本极低的无形资产优势，提升平台的可扩展性。在网络效应的推动之下，使平台迅速做大，以实现更大的平台价值。

第三，衍生更多服务，构建生态圈。建立起平台之后，要为价值链上的诸多环节构建更多高效的辅助服务，从而提高平台黏性和竞争壁垒，最终可形成平台生态圈。

构建平台生态圈，推进互联网平台建设，是很多传统企业互联网转型的重要一步。这里介绍一些传统企业的具体操作方法。

第一，企业内部实现信息化。要想让企业内部信息及时、准确、畅通传达，利用互联网平台是唯一可行的高效途径，创建客户、企业内部和供应商之间信息平台，建立采集、验证、发布信息的机制，提高企业的生产与经营效率。

第二，扩大服务范围。传统企业要朝着全方位服务的方向发展，做到采购与销售并重，同时要营造一个公平交易的互联网平台，有效促进交易量的提升，形成规模经济。还要将采购与销售的全过程公开化、透明化，这样让企业与供应商、客户更加紧密合作，从而在整个供应链的各个环节均获得利益。

第三，建设一支优秀的互联网团队。互联网平台的建设是一项系统工程，其中人才是最重要的环节，企业不仅要挖掘优秀的互联网人才，还要制定中长期人才培养战略，尤其是制定适当、符合市场需求的奖励机制，这样才能留住人。除了引进优秀人才之外，对于老员工也要向其灌输互联网思维，做好培训工作，帮助他们转型。

互联网企业应该大致了解如何去做平台生态圈，传统企业也知道该如何着手构建平台生态圈。但是，平台该如何留住用户呢？

留不住客户的平台是没有价值的，下面四个策略，将会让企业的平台更具竞争力。

第一，每个人都有被尊重的需求。每个人都需要被尊重，如果一个平台可以让客户感受到自己不一样的身份和独自享有的权利，那用户对这个平台的忠诚度就会大幅提升。以马云的盒马鲜生为例，用户需要下载APP才能购物，在潜意识中让消费者形成了一种观念，形成了一种轻微的优越感与尊享感。

盒马鲜生APP

就像美国的山姆会员店一样，会员卡需要付费购买，没有会员卡无法进店购物，其产品都是打包销售，不拆包零售。这张会员卡不仅阻挡了一部分小单客户，也成为一种身份的象征，山姆只和长期的伙伴做生意，使消费者很在意这个伙伴身份从而成为山姆忠实的顾客。

第二，严格的退出机制。如果频繁更换平台而不需要付出任何代价，那么很难留住大多数客户，毕竟忠诚的客户永远都是少数人。因此想要留住客户，一定要想方设法增加客户转移平台的代价，代价越大，客户对平台的依赖性越强。例如积分制，比如物美超市，积分到了一定程度就可以换购，如果消费者要更换平台，肯定会将这部分利益计算在内。

还有一种办法就是绑定策略，绑定硬件设备，更新平台不得不更换硬件。如联通用户在入网的时候就绑定了联通号码专用的手机硬件，如果这个客户想转移到移动的平台上，还需要重新花钱购买手机，这样就大大增加了转移成本。

第三，不断提升服务品质。要想将客户留在平台上，关键还是靠服务质量。平台要充分考虑到客户的需求，增加客户的归属感，为客户提供一些额外的服务。

第四，平台一定要有良好的体验度。良好的体验感来自简单易懂、方便快捷的操作。腾讯创始人马化腾就非常重视产品体验，他很少将时间用在社交应酬上面，而是一遍又一遍地进行产品体验，即使发现一点小问题，也会立刻找到产品研发小组，一起探讨和研究解决策略。正是这样，腾讯才有了像QQ和微信这样分别拥有20多亿级用户和9亿级用户的超级产品。

三、利用网络平台，线上线下结合

小米手机曾经风光无限，它主要进行线上销售，通过前期宣传、米粉互动、饥饿营销，使得小米公司的市值越来越高，不过，仅仅凭借线上业务是撑不起一家大企业的，如今在国内智能手机市场产品结构逐渐转型升级之后，小米手机的高配置、低价格和高性价比优势渐渐不复存在。新的品牌，比如vivo手机、OPPO拍照手机抢占了更多的市场份额。现如今国内手机市场的剩余上升空间集中在五线、六线乃至农村市场，然而在这块领域，华为、OPPO和vivo等具有线下优势的厂商相对来说更具一些竞争力。当线上用户群体被全部覆盖之后，更多偏远城市的用户群需要成为新的用户，智能手机仍然极大地倚重线下卖场，vivo手机、OPPO手机就是最好的例子，推销员的高提成模式使得他们的线下渠道做得十分成功。

vivo手机跟OPPO手机的领导人是段永平。段永平20世纪80年代末到广东中山

"打工",创立了"小霸王",后来创立了"步步高"。他开始做"步步高"的时候,带着6个年轻人,其中就有今天vivo手机的领导人沈炜和OPPO手机的领导人陈明永。今天的vivo品牌,其前身就是"步步高"的通信部门,后来创立了vivo的品牌。

OPPO手机跟vivo手机的销售策略就是线上线下的共同整合,虽然两个品牌的手机出货量没法跟华为、小米相比,但基础扎实,业绩一直不断上升。

互联网3.0时代,线上与线下的融合已经是大势所趋,线上企业需要到线下落地,传统企业需要大力发展线上业务。雷军的小米公司线上营销做得风生水起,曾经依靠"病毒营销"让小米的品牌火了一把,即便是线上业务做得如此成功的企业,也开始大量建设体验店,同时进入传统渠道,跟运营商合作定制机,在全渠道铺开。

如果不是亲眼所见,你不会相信小米的线下体验店的销售有多火爆。每次周末笔者来到北京大兴的荟聚中心,都会去小米体验店转一圈,店内人头攒动,甚至想要试用一款产品都需要排队。这也是为什么雷军希望小米手机未来的销售渠道重心,将从线上营销转向实体门店的原因。到2020年,小米将开设1000家实体店铺,这些店铺将更便于消费者接触和体验小米的产品。

小米体验店

传统渠道一直在中国经济发展过程中扮演着重要角色，曾经成就了一个又一个的商业奇迹。通过层层代理，生产企业构筑了一个庞大的销售网络，这个网络如今依然有效，虽然速度慢了下来，但是依旧有它的用处，线上平台并不能完全替换线下渠道。

无数人喊出实体店已死，然而名创优品的老板叶国富却不这样认为，名创优品的加盟店正在以疯狂的速度生长于中国各地的大小商圈，如今名创优品已经正式启动首次公开募股（IPO），创富神话还将继续。

互联网只是工具，是提高效率的工具，而传统渠道的问题在于效率低、成本高，需要的是改进而不是消失。两者有效地结合才能让企业焕发出新的光彩。

罗马不是一天建成的，平台自然也不是。平台生态圈更是需要长久的积累，需要天时、地利、人和等多重因素。成功的平台有很多，失败的平台更是不计其数。曾经红火一时的电商平台8848、服装平台PPG，都已经销声匿迹。所以说，传统企业考虑网络渠道的时候，也不要总想着自己建一个网络商城就万事大吉了，尤其是当你的品牌并不强势的时候，购买流量将花去大量的资金，还不如选择与当下各类知名的电商平台合作。

作为一个企业来说，立足线下，发展线上，让两者互相配合，再提供良好的服务和优质的产品，在互联网3.0时代，依旧能顺风扬帆，乐得逍遥。

第二节　以用户为中心的组织变革

在互联网出现以前，企业和顾客只是简单的交换关系，一方提供产品，一方提供金钱。而在互联网时代，用户很宽泛，不是花钱的才是客户，不花钱的客户也能影响到产品的销售。通过网络及其他途径免费体验企业产品的也是用户，他们对企业产品的评价也会影响到产品的声誉。因此，在互联网时代企业不仅要注重购买产品或付费的用户，还要注重免费体验企业产品的用户。

互联网还打破了信息不对称的壁垒，信息流动变得简单容易后，原有的暗箱操作消失，很多产业链里的价值会消融。比如零售行业，过去消费者走进一家店后会选择产品，合适的话就购买。但是在互联网世界只要点击鼠标就能对比几十家的同类商品，很多人说互联网竞争惨烈，就是因为信息不对称被打破之后，用户的转换成本非常低，企业再也不能轻易欺骗消费者了。

所以，在互联网时代必须坚持以用户为中心，因为这是消费者主权的时代。厂商只有去深度理解用户，做产品、做服务要以客户为中心，因为只有这样企业才能求得生存。各行各业都在谈以"用户为中心"，但是各行业的商家们是否都做到了以用户为中心？其实这句话说起来很容易，但是做起来很难。不是简单搞个促销、发点礼品就是以用户为中心。

哈佛商学院营销学教授西奥多·莱维特说过一句话："顾客不是想买一个1/4英寸的钻孔机，而是想要一个1/4英寸的钻孔！"我们关注的都是产品，如果你没有站在顾客的角度思考问题，那么转型不可能成功，因为只有真正回到顾客的角度去思考问题，企业才可能获得成功。

一、消费者主权时代正在开启

对于企业和消费者来说，产品销售大体可以分为三个时代，第一是产品为王的时代。多年前，由于物资紧缺，购买渠道狭窄，只要是生产出来的商品，就有人买，可以说是企业最风光的时代。第二是渠道为主的时代。随着生产力的增长，产品数量、种类越来越多，企业为了推广产品，不得不求助于经销商，消费者也需要大型的、综合的购物地点，于是大的超市、商场等商品平台成了主导，可以说是经销商最风光的时代。第三是消费者主权时代。如今，物质丰富，生产力提高，多种行业混战，打倒超市的可能是一家快递企业，企业间争夺消费者的趋势日益激烈，这就到了消费者最风光的时代。

互联网时代对于消费者来说，最大的好处就是打破了信息不对称。消费者获取信息的渠道不再依靠广播、电视、报纸、杂志等传统媒体，对于商品来说，消费者选择空间大、对品牌信息了解也容易。消费者凭借对信息的掌握程度，对产品的认知以及对渠道的选择越来越理性，他们对企业宣传、广告促销有理性的判断，购买决策越来越理性。可以说，消费者主权时代已经来临，企业的导向也需要随之发生变化。

对于企业来说，要想打开产品销路，让消费者愿意付出高价去购买产品，就要求企业将产品做到最极致，在各个方面让用户得到超预期的体验。只有将产品做到极致，超出预期才叫体验。比如有人递过一个矿泉水瓶子，一喝原来是52度的五粮液，这就是极致体验。只有把用户体验做到极致，才能够真正赢得用户的心。

智能手机领域已经不是一片红海了，简直就是一片血海，大多数手机企业杀得昏天黑地，很多手机企业看不到明天。根据互联网数据中心（IDC）的数据，在2017年中国智能手机销售数量大幅度下滑。几家欢喜几家愁，有发愁的就有高兴的。在严峻的市场形势下，OPPO手机逆流而上，2017年销售了1.1亿多部，比2016年增长了12%，全球排名第四。为什么OPPO手机能取得如此骄人的成绩呢？主要原因就是他们坚持从客户出发，生产让客户满意的产品。比如客户需要拍照好的手机，需要充电时间短的手机，需要自动美颜的手机，OPPO就针对客户的这些需求，做了极大的改善。OPPO手机"充电5分钟，通话2小时"；照相机有"O.I.S光学防抖"功能，后来则升级到"芯片级三维防抖"。正是把这些客户的痛点放在心上，解决了客户的痛点，才赢得了客户的信赖。互联网3.0时代，一定要把消费者当回事。

如今，"消费升级"贯穿了整个商业，现在企业如何掌握消费者的心理，已经成了企业的必修课。福特汽车创始人亨利·福特曾经说："无论你需要什么颜色的汽车，福特只有黑色的。"因为在当时的环境下，产品少，客户多。现在是产品过剩，消费者需求多样化。企业一定要看清如今的形势，一切以消费者为中心，生产产品要考虑是否对消费者口味，营销也要考虑不要让消费者厌烦。总之，互联网3.0时代就是要求企业学会尊重消费者，企业要想真正赢得用户、赢得市场，必须多花点时间在提高产品和服务上。

二、"客户导向"的组织结构

在互联网3.0时代，企业应该奉行用户至上、以客户为中心的理念，并切实落实于其中，这样才能建立用户黏性与用户忠诚度。很多传统企业只是将"客户至上"的理念停留在口号阶段，根本没有能力或者说没有意向付诸实践。有多少企业能将"客户是上帝"的理念真正落实呢？又有多少企业真正关心客户的利益呢？

很多公司只关注自己的利润，"骗"是他们的一大法宝，骗客户、骗产品、骗合作商，最后也就骗了自己。空洞的口号与欺骗不能让一个企业立足于市场，只有真正重视客户价值的企业才能成长。

2017全球快速消费品企业50强排行榜发布，雀巢排名第一，宝洁排名第二。2017财年宝洁总净销售额为651亿美元。宝洁能取得如此大的成就，其中很重要的一点就是将消费者视为自己的"老板"，要取悦"老板"，就要倾听消费者的声音。早在宝洁进入中国的时候，第一位中国员工的工作就是负责消费者研究。目前，在宝洁内部有一个庞大的消费者倾听团队，每天都通过各种形式，引导消费者进行讨论，了解消费者的想法。

以海飞丝为例，海飞丝在朋友圈推出一个主题为"别人在意的可能是实力派不屑的"的H5广告，并设计了与"不屑"相关的不同宣言，推送给不同的用户。该广告推出后，海飞丝电商平台的销量达到了平时日销量的3倍，关注海飞丝微信公众号的人数也翻了一番。

海飞丝H5广告

在传统的组织结构中，主导模式采用的是"领导者—管理者—基层员工"的正三角模式，类似金字塔，企业依靠指令的层层传递开展组织活动。金字塔顶端发布命令，金字塔底端执行命令，经过长期的积淀，必然形成根深蒂固的组织生态心理：关注上级，一切以领导为核心。

在"客户导向"的组织结构中，即一切组织单位都应以创造"客户价值"为导向开展工作，"客户体验"是第一定律。因为金字塔的底层直接面对客户，他们关于产品、营销有更多的发言权，他们的反馈、意见能成为金字塔顶端的参考，这样就形成了倒三角形的组织结构，金字塔顶端不用事必躬亲，也不必拍脑袋做决定，只要服务好金字塔底端的员工就行，这种组织模式才是互联网时代最正确的模式。

1. 消费部落为中心

如今，很多企业的经营重点从经营地段开始向经营粉丝转变，从买卖关系到粉丝关系，从地面和互联网商圈到社交商圈。小米公司仅仅用时4年就做到了7000万名粉丝，小米公司的粉丝营销打破了传统零售学的终极武器——地段！

企业营销为什么要转向粉丝群体呢？因为互联网3.0时代已经来临，消费部落已经形成。

孩子王这家公司，在5年时间内开了60多家母婴商品连锁店，每年的利润都在快速增长。创始人汪建国的经营理念就是要造就顾客，坚决跟消费者站在一起。

孩子王第一拨社交发动的是员工，每一个员工平均能创造300名母亲粉丝；

第二拨社交发动了粉丝，每个粉丝再增加2~3名新客户。

在5000平方米的卖场，孩子王拿出400平方米做免费的亲子中心，亲子中心成了孩子们每周必去的"迪士尼乐园"；每个卖场一年要搞1000场活动，孩子王每个月邀请妈妈开座谈会，一起分享心得，他们打造了一个最有吸引力的妈妈圈消费部落。

过去的企业家认为只要把品牌做好就行了，品牌就是一切，然而在互联网3.0时代，每一个品牌后面都潜藏着几个甚至数十个消费部落。这是巨大的商机，每一个喜欢你产品或服务的消费者，都可能是品牌的主人。因此，品牌的连接变成一个新的模式，叫作消费部落。

小米手机便深谙其道，包括董事长雷军在内，公司70%的员工都会与"米粉"互动，每年举办500多场"米粉"节、同城会等各种点燃"米粉"热情和自豪感的地面活动、粉丝见面会，这就为小米手机的销售打下了坚实的人群基础，每推出一款新手机，总是这些部落的人抢先购买。

2. 先找消费者，再去做产品

在商品匮乏的时代，消费者如何更加快捷地找到所需产品，买到性价比更高的产品？如今的市场不缺产品，而是商品同质化严重，只能靠打折促销的方式增加销量。随着互联网3.0时代的到来，人们的需求升级成了如何找到"好产品"。那些能给大家带来"价值"的产品，仍然是稀缺资源。企业最关键的问题是如何定位自己的消费者，其实最好的切入点就是需求，一切都要从消费者的需求出发。

在中国风靡一时的脑白金上市之初，史玉柱亲自来到无锡某公园，找到晨练的老人们闲聊，询问困扰老人们最多的问题是什么。经过两个月的调查，最终得出的结论是大多数的老年人肠道和睡眠不好，正是在该项市场调研的基础之上，才有了之后脑白金的功能主诉及策划方案。

脑白金的成功之处就在于先了解消费者的需求，再针对需求进行生产。要想成功生产一个产品，必须了解目标消费者的需求是什么，最想要的是什么；当企业比消费者还了解他们自身的需求时，你的产品也就成功了一半。

以前是先做产品，再去找消费者；今后是先找消费者，再去定做产品。也就是说，谁拥有聚合消费者的能力，谁就掌控了未来的商业趋势。

第三节 组织管理的扁平化

在美国，最厉害的5家公司，全部都是互联网公司，分别是苹果、谷歌、微软、亚马逊、脸书，这些互联网公司基本都是扁平化的模式。

所谓扁平化模式，就是去掉中间层，把整个组织变成根据业务需要成立的自由团队。传统的"公司+雇员"的组织形态可以理解为是"火车模式"，靠火车头也就是领导者的能力，而扁平化组织则是"动车模式"，靠各节车厢共同驱动。

无论是美国资本市场排名靠前的互联网公司，还是中国的"BATJ"——百度、阿里巴巴、腾讯、京东，无一例外都是扁平化模式。

如今很多公司都采用扁平化模式，主要是受到互联网的影响。传统的组织结构是金字塔式自上而下的,这叫"官僚化的管理机构",信息自上而下传递、搜集,组织越来越臃肿,效率也越来越低。

在互联网3.0时代,由于大量信息井喷式出现,使得产品、决策、管理更加透明,员工可以随时获得自己需要的信息,不需要向上级汇报然后获得指令,这样会错失时机。互联网的出现催生了"去中心化"和"去组织化"的现象。同样,在互联网3.0时代,企业不仅需要对大量的信息进行决策,还更加强调信息传播的速度及反馈时间。传统金字塔式的组织结构由于管理层级比较多,信息传递的速度比较慢,严重影响决策的效率。而扁平化的组织结构不再以领导者为中心,每个人都是信息的中心,这就大大增加了信息的传播速度,从而能够使企业根据市场的需求迅速做出反应,以更好地适应市场的发展。

相信很多人都听说过韩都衣舍这个服装品牌,该品牌凭借"款式多、更新快、性价比高"的特点,在天猫平台上创下了多个销量冠军。2017年"双十一"时,韩都衣舍的交易额高达5.16亿。在天猫服饰类目中,韩都衣舍的访客、加购物车和销量均位列第一名,并且连续四年获得互联网服饰品牌的销量冠军。

韩都衣舍公司前台

韩都衣舍很好地与互联网相结合，通过扁平化组织来应对当前的不确定性，变"公司＋雇员"为"平台＋个人"的组织体系。这种变革不只发生在韩都衣舍身上，海尔、滴滴、联想、万科、华为……都在向"平台＋个人"这样的组织方向转变，未来越来越多的组织形态或将朝此方向改变。

一、"阿米巴"模式

企业要想做大做强并始终保持一定的竞争力，就必须有一个科学、高效的组织架构做支撑。在传统的企业经营管理模式下，层级式的企业组织结构一旦确定，在很长一段时间内都会固定下来，虽然组织结构模型稳定但是非常僵化，很容易出现裙带关系、山头主义，必然影响到企业的创新。

对传统企业来说，要想治疗大企业病，思维、观念的转变是非常重要的。由于传统组织模式很难适应如今激烈的市场竞争，适应不了快速变化的环境，因此催生了阿米巴组织架构这种全新的模式。

所谓"阿米巴"模式，就是打破原有的部门界限，绕过之前的中间管理层次，让员工直接面对顾客，并对公司总体目标负责，以群体和协作的优势赢得市场主导地位，从而使组织变得灵活、敏捷，富有柔性、创造性，这正是阿米巴经营组织的威力所在。

"阿米巴"（Amoeba）在拉丁语中是单个原生体的意思，虫体赤裸而柔软，其身体可以向各个方向伸出伪足，使形体变化不定，故而得名"变形虫"。变形虫最大的特点就是跟随外界环境的变化，不断地进行自我调整来适应所面临的生存环境。在互联网3.0时代，这正是企业所需要的模式，因为互联网就是一条不断变化的变形虫。

阿米巴经营模式是日本经营之圣——稻盛和夫独创的经营模式，将组织分成若干个小的组织，通过与市场直接联系的独立核算制进行运营，这样全体员工都有机会参与到经营管理之中，极大地激发了员工的工作热情，企业也能及时应对市场变化。

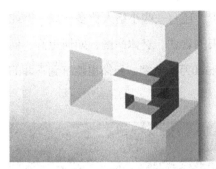

阿米巴模式的核心就是人人都是管理者

其实，互联网3.0时代最重要的就是开放、协作、分享，目的是提升企业效率与灵活性，并且最大限度避免大企业病，这才是现代企业管理追求的目标。以往大而全、等级分明的企业很难100%贯彻互联网思维，所以很多专业人士都认为，互联网3.0时代，企业应该讲究小而美、化大为小、组织扁平化，这也是企业适应互联网3.0时代的一个重要判断标准。以海尔公司举例，他们通过化大为小，建立了2000多个自主经营体，进行量化分权，充分调动自主经营体和广大员工的积极性，这一策略让海尔更有活力和竞争力。再来看腾讯，2012年5月，腾讯调整组织架构，重点发展社交、游戏、网媒、无线、电商和搜索六大业务，这也是化大为小的策略，回到小公司那种"小、快、灵"的创业特质。2013年1月，阿里巴巴也开始实行组织架构的调整，成立了25个事业部，把大公司拆成小公司运营，同样是在由"大"变"小"。

爱吃涮肉的人，一定听说过"海底捞"，这是一家起源于四川简阳的火锅店。截至2017年，海底捞的营业额已经突破了百亿元大关，其中很大一部分原因得益于阿米巴组织模式。随着海底捞的成功，越来越多的人开始研究它的模式，例如在海底捞内部有一个员工分享的平台，员工每天工作结束之后，都要求写日记，记录当天一些有价值的事情，并且提出一些好的想法与工作方法，在论坛上发表，供大家讨论。这样一来，如果一家门店做出创新并且收到了不错的反馈，那么全国各地的门店看到后都会学习借鉴，从而快速提高企业效益。这就是海底捞那么多好的想法层出不穷的原因。

韩都衣舍也是将整个公司分割成若干个被称为阿米巴的小型组织，每个小型组织都作为一个独立核算的利润中心。韩都衣舍的产品组通常至少有三个人，分别是设计师、页面制作人员、库存管理员，某一单品的页面制作、款式设计、尺码以及库存深度的预估等工作，都由这三个人全权负责。还有一些小组人数多一些，例如由4~5名员工组成，那么小组组长可以决定衣服的款式、具体产量、如何定价、何时打折促销等，一些优秀的小组一个月可以做到300万的业绩，自然也能拿到不菲的奖金，这种模式很好地起到了激励作用。

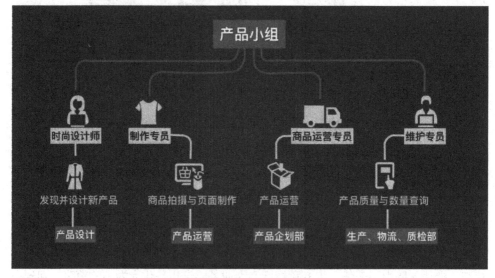

韩都衣舍产品小组分工导图

综上所述，互联网3.0时代，最出色的企业组织结构，应该是由企业负责人直接领导的多个阿米巴组织。这种模式的好处在于：一方面从市场反应速度的角度来看，阿米巴组织模式可以实现快速决策、快速反应、快速应对；另一方面，阿米巴模式可以激发员工的积极性，提升员工的个人能力。在阿米巴模式之下，企业员工被分为若干独立经营的小分队，每个成员都有机会发挥自己的专长，遇到问题的时候，不是等待领导的吩咐，而是独立思考，积极寻求解决办法。这样的组织结构，每一个成员就是一个CEO，因而每一个成员就得不断学习、不断成长。同样，这样的模式可以创造更可观的利润，这也激发了员工的积极性。

阿米巴组织模式的优势明显，然而企业并不能一拥而上，还需要注意以下几点：

第一，阿米巴经营模式优势明显，但是缺点也很突出，由于阿米巴组织的划分，导致企业的管理有令不行，或者各自为政，组织之间明争暗斗，一旦领导人发现这样的问题，就需要及时调整阿米巴组织的划分思路和方法。

第二，选好小组长。无论多么小的团队，都需要一位优秀的领导者，阿米巴组织的领头人必须具备极高的素质跟能力，要具备真才实学，善于通过个人魅力领导组员，善于创新，从而更好地调动小组员工的积极性和创造力，这样才能最终实现"人人成为经营者"的目标。

二、传统企业如何扁平化

互联网3.0时代，传统企业扁平化管理势在必行，这就要求企业管理者首先要理解什么是扁平化。我们先从与扁平化相对应的一个词"层级结构"谈起。传统组织的特点，呈现出金字塔状的结构，董事长、公司总经理处于金字塔顶端，他们的指令通过一级一级的管理层，最终传达到具体员工也就是执行者那里；基层的信息通过一层一层的筛选，最后再反馈给最高决策者。

类似金字塔状的传统层级结构的组织形式，来源于"管理幅度"理论。该理论认为，一个管理者由于受到精力、阅历、学识、能力、经验等的限制，所能管理的下属人数是有限的。在传统管理模式之下，当组织规模扩大，管理层次就会逐步增加。很多国企或者大型企业，员工动辄上万人，管理层次众多。

在相对稳定的市场环境中，例如互联网出现之前，这类层级结构的组织形式是相对高效的，但在互联网出现之后，尤其是互联网3.0时代，便遭遇了强大的挑战。例如奔驰Smart这种体积小的汽车，掉头、停车都方便，要是开一辆加长版的劳斯莱斯，掉头就会很麻烦。那么，如何解决传统的层级结构的组织形式在互联网环境下面临的难题呢？最有效的办法就是扁平化管理。

相对于传统的金字塔状的企业管理模式而言，扁平化管理存在诸多优势。让我们一起看一看扁平化管理的优势：

第一，管理层次减少，管理的外延性提高。

第二，企业适应能力提高。扁平化管理的优势在于可以根据市场做出快速决策，并能立即得到响应和执行。

第三，分权式管理。扁平化的企业大多采用分权管理，权力中心下移，各基层组织之间相对独立，这样可以尽量减少决策在时间和空间上的延迟，从而提高决策效率。

第四,人才成长。在扁平化管理体系中,仅有的几个层次的管理者,尤其是一线管理人员必须直接面对市场,对于他们的组织管理能力和决策能力提出了更高要求,通过实战,他们也可以快速提升能力,加快自己的成长速度。

第五,节约开支。扁平化组织结构由于管理层次少,人员精简,各种经费开支等都可减少,从而节约了管理费用。

IBM在信息技术领域是"蓝色巨人",市值1600多亿美元,在互联网时代到来前,IBM管理层最多时达18层级。管理过多,效率就下降。比如审批流程过长,要将一个桌子从IBM总部的二楼搬到三楼,从立项到审批,竟然需要几个月的时间。因为当时IBM规定:上级不能越级指挥,下级不能越级请示汇报。搬动一个桌子,要先立项,然后打报告,然后层层审批,再层层下达,最后交给替IBM搬家的搬运公司。如果中间出了差错,那么流程会重来一遍。这种状况使得IBM的工作效率低下,面对市场竞争也有心无力,后来经过领导层的大力改革,裁掉一些冗余的部门,减少管理层级,这样,这家大企业才重新焕发了生机。

英特尔公司的格鲁夫提出过一个"十倍速变化理论",即在今后10年里,失败和成功都将以10倍速的节奏发生。旧的秩序将会不攻自破,新的秩序将会出奇一致地朝着同一个方向快速建立。外部环境的快速变化要求企业快速应变。格鲁夫提出"十倍速变化理论"时,尚在PC机时代,而在移动互联网时代,应变速度的要求再度被大幅提升。

那么,传统企业该如何实现高效扁平化呢?

第一,企业负责人一定要足够重视。扁平化管理结构,意味着原有多层级的管理模式不再有效。减少这些层级,相当于砸人家饭碗,势必遇到阻力。如果没有企业一把手的强力支持和推进,是很难实现的。所以,企业负责人必须足够重视,才能彻底推进扁平化管理的模式。

第二,减少不利于市场开展的所有中间流程。企业选择扁平化的管理模式,最主要的就是应对瞬息万变的市场环境,环节越少,效率就越高,企业的收益也会越大。那些只会阻碍决策流程的职位或程序,可以通通拿掉。要针对市场做出更快决策,就需要减少繁杂的审核流程。

第三,建立学习型组织。扁平化组织意味着组织给予员工更充分的授权。这要求大部分组织成员在直面市场时具有做正确决策、快速执行的能力。这就要求组织成员不断学习，企业应该建立相应的学习型组织，展开相关的培训工作，让每一名成员在工作中学习、在学习中工作。

综上所述，扁平化模式是互联网3.0时代企业应采取的模式，然而企业组织也不是越扁平化越好。对于绝大多数国内企业而言，推动扁平化的同时，还要注意推进速度，不能为了扁平化而扁平化，要注意风险的控制，还要制定相应的规章制度保障扁平化的顺利实行。

第四章 互联网3.0时代的管理方法

互联网3.0时代的到来，必然对传统的企业组织结构产生影响，如今"90后""95后"已经成为职场主力，他们有着非常鲜明的时代特征，追求自由，追求个性，不服管教，不受束缚，这让很多企业管理者感到困惑。可以说，对"90后""95后"员工的管理，已成为很多企业管理者非常头疼的一个问题。不少企业管理者认为"90后""95后"员工在给企业带来创新思维、满腔激情的同时，也给企业带来诸多管理的挑战。其实，要想解决这个问题，只有跟上时代的节奏，跟上互联网时代管理的步伐，才能做到游刃有余。在互联网3.0时代，一旦一种管理模式不符合管理现状的时候，就说明它已过时了，这就要求企业改变、创新，走出一条适合自己企业的管理之路。

第一节 变革旧的管理理念与管理方式

在互联网3.0时代，现在企业的管理方式不能还停留在20世纪的管理方式上。相比互联网3.0时代下的新管理方式，传统的管理方式有些不合时宜，比如传统的论资排辈、先来后到的升职加薪理念。在传统企业里，前面的老员工没有升职加薪，后来的新员工只有慢慢等、慢慢熬。但是，在互联网3.0时代，比的是效率，拼的是业绩，而不是时长。如若新人能够在很短时间里成长迅速，业绩良好，那么，企业管理者就得给予他们相应的待遇；否则，他们会一走了之——你不留我，外面到处有公司留我。

再比如说，在传统企业里，管理者统筹全局，大权在握，容易搞一言堂，言出必行，员工不执行就靠边站，不允许员工提出不同意见。但在如今的移动互联网时代，管理者的时间和精力是有限的，已经无法再事必躬亲，关键是怎么协调资源，怎样让大家动起来。对于组织来讲，不能只有企业领导者做发动机，每一级组织甚至每个人都要成为发动机，这样才符合扁平化组织的初衷。

一、旧的管理模式要出新

在20世纪80年代，我国管理者主要是学习日式的管理模式。到了20世纪90年代，受日本受泡沫经济和亚洲金融危机的影响，经济衰退，我国的企业管理者们又将目光转向美式管理。总的来说，日本、美国的两种管理模式的产生和发展都是发源于泰勒管理思维。

泰勒是科学管理的创始人，被管理界誉为"科学管理之父"。泰勒曾很直接地向工人宣讲："我雇你们来是为了用你们的体力和操纵机器的能力。至于用头脑，我们另外雇了人。"可以看出，泰勒管理的本质是上级对下级工作的绝对控制。不过，日式、美式的管理模式本质是一致的，都是"以人为中心"，区别就是，日式管理模式讲究的是群体服从，从集体协作角度出发，而美式管理模式偏重于个人的发展，突出个人的带头作用。在当时的时代背景下，他们都是成功的，都是值得我们学习的。

泰勒式的企业管理者认为，人与资本一样，只是企业的一种生产要素。在互联网3.0时代，人不仅仅是一种生产要素，更是一种具有无限开发价值的资源。不过，万变不离其宗，还是要坚持"以人为本"。管理者要设身处地地为员工着想，尽自己最大的努力调动员工的积极性。在互联网3.0时代，每个人都是企业发展的一个闪光点，员工与企业之间是平等的合作关系，而不再仅限于雇佣关系。

在互联网时代，海尔的管理就走在了大多数传统企业的前面。海尔管理者要求其所有的领导者都要努力搭建一个机会平等的平台，让员工在这个平台上努力前行，尽量发挥自己的能力，激发员工的努力。结果就是海尔企业的发展蒸蒸日上，未来前景也值得期待。

传统企业在互联网时代该如何去做呢？那就是要建立宽松的组织制度，多奖励、少惩罚，多鼓励、少限制，鼓励员工互相学习、相互交流，以不断提升自己。具体可以从以下两点起步：

（1）激励员工的方式

在互联网3.0时代，因为组织结构扁平化，层级减少，为了鼓励员工的进取心，保持员工的积极性，第一种办法是团队裂变。当一个团队规模足够大且有能力的人员很多的时候，那就将一个大的团队裂变成几个小的团队，这相当于增加了职位，变相解决了部分人的职务问题。此外，小团队还可以去找到自己的产品方向。

第二种办法是提高收入。现在职位因为组织结构扁平化而减少，职务提升比较少见，因此，收入增长对员工来说就变得特别重要。

收入的增长可以分为长期收入增加与短期收入增加。短期收入增加可见的是工资的增长，长期收入增加则是可期待的，是股份或者是期权。阿里巴巴、腾讯、百度、京东商城、奇虎360等推出的股权激励制度，造就了一批百万或千万富翁。在互联网时代，股权激励是企业吸引人才、留住人才非常有效的"工具"。

股权激励的10大模式

（2）由客户考核

2016年6月20日，有新闻报道称，山西长治某家农商银行，管理层通过当众打员工屁股的方式进行业绩考核。业绩不好的八位员工被管理者轮番拍打屁股四次，其中还有女员工。先不说这种方式是否恰当，这家银行展现出的就是传统的考核方式，是由高层对下一层级的人员考核：高管考核中层，中层考核基层。因此，做得好不好，收入高不高，由你的上级说了算，这也滋生出许多暗箱操作现象的出现，尤其是个人在工作成效中的贡献，不能清楚、正确地展现。

在互联网时代，要转变考核方式，比如淘宝网的评价制度，消费者购买了产品，是否满意，都可以在评价里体现出来，这就是由市场来检验、来考核。这样的考核简单、清晰、客观，众人可见，考核变得公开透明，也就可能公平公正。

二、平等对待，管理就是服务

一位企业老板向管理专家诉苦说，公司管理总是出问题，员工干劲不是很足。管理专家到公司视察一番，心中便有了底。于是问这位老板："你去菜市场买过菜吗？"

老板说："买过啊！"

管理专家说："市场的卖菜人总是习惯缺斤少两，你知道吗？"

老板说："嗯，一般都是缺斤少两的。"

"那么，你买菜是否也经常讨价还价呢？"

"是的，不还价人家还以为你是傻瓜呢！"他回答。

管理专家说："这就对了，你在用卖菜人的方式管理企业，而员工就相当于买菜人。"

老板不是很懂。管理专家解释说："你在结算工资的时候，希望给的少；在要求员工业绩和效率上，却要求的多。想马儿跑，又想马儿吃得少。那么反过来，员工也是这么想，你给的'缺斤少两'，他们的工作也是'缺斤少两'，你不先付出真心，换来的肯定是虚情假意啊！"

其实这个问题在很多地方都存在。传统观念认为管理就是控制，到处安装摄像头，控制员工的一举一动，敦促他们按上级的意愿行事。很多传统企业都认为，其与员工之间是一种纯粹的雇佣与被雇佣的关系，于是靠森严的等级、严格的规章等对员工加以控制，只是想到让员工努力干活，却没有想到企业也应该努力为员工创造良好的工作条件。在这样不对等的情况下，员工是不会那么拼命的，职场上哪有那么多傻乎乎的人啊？

下面我们看看日本企业日立公司是怎么获得成功的。日立公司有个圆形会议桌，这就和很多企业长方形的会议桌子不一样，因为它是圆形的，参加会议的人无论你坐在哪儿都觉得是中心，这样大家都平等，不会出现等级制。日立公司业绩蒸蒸日上，2017财年日立制作所营业利润为6600亿日元，这与广大日立员工的共同奋斗是分不开的。

日本企业很流行的圆形会议桌

在互联网3.0时代，管理应该是服务，而不是控制。管理的工作就是指明方向，提供员工完成工作所需的资源。员工也要学会以自我为中心，自动、自发、自主地去完成任务，因为工作不仅是为了老板，也是为了自己的未来，工作是平等的。老板也应该转变观念，和员工建立平等与合作的关系。这才是互联网3.0时代的管理之道。

脱不花，原名李天田，罗辑思维联合创始人。她在《玩儿公司》中说道："我们从来不管员工的工作时间，全部自我管理。为什么？很简单，在移动互联网时代，你可以通过刷卡机刷出他的进门和出门时间，但是只要他手上有个手机，你就根本不知道他在做什么。所以，我们创始人一致认为，刷卡机是管理者的耻辱，因为依赖刷卡机，就意味着你没有能力管住员工的注意力和情绪，你只能管住他的肉身。与其这样，不如让他们自己管自己，只需要与他密切协同的小伙伴协调好时间就可以。特别是对于年轻人，他们一定爱睡懒觉、晚上一定熬夜，与其逼着他早晨九点来，为什么不让他中午来，然后晚上十点走呢？而且在北京这种一线城市，这种时间安排会极大提高小朋友的幸福感。所以，每天早晨我们创始人开始值班，然后小朋友们大部分中午前到。我们的办公室也没有固定座位，每个人都可以根据自己的喜好和项目的需要，随时换座位，包括创始人在内，没有任何人有独立办公室和特殊的办公设备。"

很多企业管理者发现"90后"不好管了，其实不是"90后"不好管，而是你的管理方式出现了问题。如今，企业组织都扁平化了，领导和员工之间层级减少，物理距离更近了，这就需要领导去权威化、增加亲和力，现在需要的是领导尊重下属，并起带头示范作用。

互联网是网状结构，没有中心节点，互联网的技术就是去中心化，是分布式的，是平等的。互联网管理模式也必然是建立在平等、开放的基础之上，这才符合互联网思维。

在工业时代，员工是从属于流水线生产和金字塔结构的，工作中的人等同于有血有肉的机器。但在互联网3.0时代，个人的创造性变得空前重要，企业必须学会平等看待员工、平等对待员工，这才是企业在新时代的取胜之道。

第二节　决策体系：让一线成为引擎

过去的金字塔式的决策模式，信息层层传达，到实行的时候可能就错过了机会，这种慢腾腾的决策方式，在互联网3.0时代很显然已经落后了。怎么办？企业必须让更懂得用户情况的一线员工说了算，让他们拥有更多、更自主的决策权。企业领导的管理思维，要形成放权思维。中国互联网元老宽带资本董事长田溯宁说："未来的企业要互联网化，每家企业都要有互联网的思维。"

在未来不用互联网方式来思考问题，就没办法在商海展开竞争。互联网厉害的原因是可以去中心化、去平台化和去权威化。组织的决策模式也必须相应的转变，让一个项目、一个团队或者一个经营单元独立完整地面对顾客，对顾客的问题和要求做出快速反应。这才是互联网下的决策机制。

一、让听得见炮声的人来做决策

现在，美军的战斗策略就是，一线部队呼叫炮火，后方指挥遵照执行。这是因为，在前线，只有一线战士才知道哪里是敌军，哪里是需要轰炸的火力点。在我国,现在大多数的传统企业上了规模后,往往官僚化严重、决策缓慢、部门内耗。在旧的金字塔形的组织中,领导者与消费者愈来愈远,而真正与消费者接触的一线员工却毫无发言权。在互联网3.0时代,这种决策方式一定要转变,让一线员工自主决策,让听得见炮声的人来做决策。

在传统服装企业,设计总监对服装样式是否批量生产、是否大批量采购布料有决策权,但是这种决策不适应快速发展的互联网时代。现在的商机瞬息万变,让我们看看韩都衣舍是怎么做的。韩都衣舍的小组一般有3个人,分别来自研发、生产／采购、销售部门,这3个人只要看准了一个项目,就有权自主决定是否生产,即使产品不符合市场预期,失败了,企业也有容错机制,允许员工犯错,这也鼓励了员工,充分调动了他们的积极性。韩都衣舍拥有十几个自有品牌,还有一些合资品牌、代运营品牌,无论是合资品牌还是代运营品牌,都由这种自主决策的小组自己决定。

在互联网时代,企业需要的是简单管理,让员工从烦琐的流程中走出来,直面市场,及时感知、洞察到市场微妙的需求,迅速行动,这样才能提升业绩,企业才能良好运转。企业领导层要将组织结构的重心下移,将权、责、利向一线倾斜,让一线员工根据情况制定相应的对策。

让一线员工做决策,好处多多。

(1)避免官僚主义

官僚主义的后果就是有成绩抢着上,有问题互相推,导致企业决策缓慢、内耗严重。企业管理者远离市场,远离客户,即使有决策,也是跟不上市场变化。在互联网时代,企业应该转变决策机制,让一线员工决策,多听听他们的意见,才可以有效地预防和纠偏。

(2)充分调动其积极性

让一线员工在与其工作相关的事上有话语权,这样员工会感受到自己被重视,会使他们主动地思考工作问题,调动工作积极性。

(3)加深对员工的判断

员工缺少自主的机会,再厉害的人也无从发挥能力,这样只会导致人才流失,而平庸者则安心混日子。员工需要话语权,需要自主的机会,这样就能积极参与进来,也可以从中看出每个人能力的大小。对于真正有潜力的员工可以进行深入培养和快速提拔。这样做对于公司和个人来说都是一个双赢的结果。

罗辑思维联合创始人脱不花，在一次演讲中提到自己的公司就是让一线做决策："一个战斗小组，从买手选品、商务谈判、策划创意和文案撰写、商品页面制作、物流监控、全程客服、财务对账，全部自己小组完成，打通从商品选择到服务的全流程。

"一个小组，基本配置是三个人。他们既要懂商品，也要懂创意和内容，还要懂服务；然后，公司从利润中，直接与小组进行分红，形成内部创业机制。

"比如，我们有个'90后'小姑娘，很酷，对某个情趣用品很感兴趣，所以就拼命说服我们来卖。然后真的就是用纯文字开始销售，目前已经成为这个级别的产品在电商领域最大的一个分销商，然后因为这个产品毛利很高，这个小组就成了公司内的财主。

"所以，这样的小组，跟创业没什么区别，这样的小组非常有活力，而且他们的学习能力超出你的想象。我们现在对小组不做专业性的限制，理论上任何小组都可以做任何品类，完全是鼓励竞争，在竞争中形成定位和优势，公司的控制点就是把公司所有的资源进行模拟定价。"

在互联网时代，让一线成为引擎，是管理方式的一大变革，现在的用户不是被动地接受产品，而是希望找到符合自己价值和审美的产品，企业也应该看到这一点，让与客户最接近的一线员工来制定决策，来对接客户，这样才能生产出符合客户期望的产品，更加贴近消费者。

二、让员工成为创新带头人

市场上有很多种洗发水品牌，如海飞丝、沙宣、潘婷、清扬、飘柔、舒蕾、霸王、夏士莲、蒂花之秀等，每一款产品的侧重点都不同。为什么有的受消费者欢迎而有的不受消费者欢迎呢？这是因为在市场中，消费者有自己不同的喜好、不同的需求、不同的看法，一个设计者并不能抓住全部客户的诉求。反映到企业中，尽管管理者做出了看似正确的决策，但在市场上，反映效果未必好，这就需要让员工参与到决策中来，因为员工直接面对顾客，他们才真正知道客户需要什么，这是互联网时代所需要的管理。

海尔集团董事局主席兼首席执行官张瑞敏说过:"互联网时代,企业和用户实现了零距离,这就必然要求企业组织形式的扁平化,使用户和员工成为企业的中心。"海尔是这么说的,也是这么做的,他们就让一线员工成为"创客",参与企业的决策和管理。

"雷神"团队就是海尔创客的杰出代表。2014年之前,海尔并没有涉足游戏行业,三个"85后"员工组成的"雷神"创客团队,第一年三个人创收2.5亿元,第二年十几个人创收5.23亿元,第三年营收增长到了10.46亿元。

让每个员工都发挥出他的价值,让有创业精神的员工脱颖而出,这就需要管理者允许员工犯错,不能因噎废食。在互联网3.0时代,企业的文化和氛围,要从集中控制到分布式容错。失败是成功之母,企业要有包容失败的气度,要鼓励员工不怕失败,赋予他们敢于失败的创业家精神。

再举个例子,拿传统服装业来说,一家服装企业如何得知消费者喜欢什么样的产品,就需要通过不断试错来检验。比如,某服装品牌在全国共有1000家门店,想要推出一款新夹克,该夹克的成本是30元,每家门店的数量是10件,全国1000家门店,一款产品的投入就是30万元。这只是一款产品,一家企业推出新夹克肯定不止一款吧,比如推出10款新夹克,投入就是300万元。此外,还有其他产品,如衬衣、T恤、西服、这样下来,投入不止千万元了。即使投入几千万元,将产品推到市场,哪些地区卖得好,哪些地区卖得不好,消费者的反馈是什么,也只能随着产品上市后,借助门店的反馈得知。这样下来,挣钱的产品不多,即使有挣钱的几款产品,也被其他不挣钱的产品投入给分化了,这是传统服装企业不得不面对的问题,也是很多服装厂挣不到大钱的原因。

互联网首屈一指的服装品牌韩都衣舍,其创始人赵迎光正是运用了互联网思维,在一定程度上解决了传统服装企业试错成本高的问题。在网上卖衣服,只要几张精美的照片,借助一些互联网营销常用的手段,如页面推荐等方式,就能引起目标买家的注意。

如果想确定客户是否喜欢,直接看后台流量数据就可以,如果客户需求量大,马上做出决策开始生产。利用这种方式,投入小,效益高,并且只需要先少量投产试水,根据客户反馈再决定是否继续生产,即使市场反馈不好,也浪费不了多少钱。相比传统服装企业,借助互联网平台销售服装,试错成本相对较低。此外,赵迎光还给予一线员工们充分的授权,让他们决定是否生产某款产品,这种方式给韩都衣舍带来了大量的利润和活力。

3M公司创立于1902年,是世界知名制造商,目前有超过1400亿美元的市值。3M公司的高速发展,得益于它的创新法则。为了鼓励员工创新,1948年,3M公司老总威廉·麦克奈特提出一个"15%规则",他规定研发人员每个星期可以拿出15%的工作时间,用来研究自己感兴趣的项目。他说:"切勿随便扼杀任何新的构想,要鼓励实验性的涂鸦,如果你在人的四周竖起围墙,那你得到的只是羊。"也正因为如此,3M公司高歌猛进,其创新策略被很多家企业学习,其中就有谷歌(Google),谷歌为了把创新当作企业基因,允许谷歌的工程师把20%的工作时间用来做自己的项目。这样鼓励员工创新,提出新创意还有奖赏,这也是谷歌创新不衰、跑在前头的原因所在。

3M公司的口号

此外，企业鼓励员工创新，不能只是喊喊口号，也要拿出实际行动来鼓励。比如，提供奖金、带薪假期或者升职。即使员工的创新最终没有奏效，作为企业老板，也应该让公众知道公司十分感激员工在创新方面所做的努力。

第三节 真正地尊重员工

互联网3.0时代，最核心的资源，一个是数据，一个是人。诚然，老板创办了企业，对员工来讲，企业给员工提供了一个工作的平台或者一份养家的薪水。对社会来讲，老板在帮助政府解决就业问题。但是，就交易本身而言，交易双方应该是公平的，双方都有选择交易的权利和机会。

尽管现在就业形势并不乐观，大学生就业率不高，硕士生成了应聘的门槛，企业似乎在交易中处于优势或强势地位，但是现在越来越多的"90后""95后"员工，他们很大程度上在乎的不仅仅是工资，还有机会、尊重等。虽然工作不好找，但是他们绝不妥协自己的情趣和追求。作为现代的企业管理者，要树立正确的用人观，如果没有员工的付出，企业将很难正常运转和发展，老板只有平等地对待自己的员工，员工才会用心服务好客户，企业才可能获得持续发展的力量和源泉。

一、互联网时代更注重人的价值

在中国，我们经常会听到这样一些话：

"四条腿的鸡不好找，两条腿的人哪里找不到？"

"中国没别的，就是人多。"

"本科生多如狗，硕士生满街走，不是硕士生不招收。"

说这些话的人，下意识地暴露了一个本质，那就是从骨子里根本不尊重人，认为人的价值可替代性非常强。

一般来说，我国企业界存在着以下几点用人错误观念。

错误观念之一：有钱就有人才。传统企业认为，吸引人才和留住人才的最普遍的方法就是付给人才高工资和提供优厚待遇。但是，已经有研究表明，在员工心目中排第一位的不是金钱，而是企业给员工的荣誉和企业领导的魅力，薪水报酬只能

管理者切忌高高在上

排其次。

　　错误观念之二：人才市场有的是人才。很多老板面对辞职员工，直接说，你走了我还会有更好的员工。老板根本不考虑员工为啥辞职，认为遍地是人才，这种观念是错误的。首先，在人才市场可以招来员工，但是不是人才还需在实践中检验。其次，高端人才，比如预算决算和计划战略的财务总监，则需要熟人推荐或者猎头公司的推荐，不是很容易就能找到的。获取人才不易，老板们且用且珍惜吧！

　　企业利润的产生来源于企业在市场中的竞争力大小，然而，企业竞争的背后，真正比拼的是人才。日本松下电器创始人松下幸之助说"出产品之前先出人才"，联想总裁柳传志说："办公司就是办人才"，这些闪烁着智慧光辉的至理名言，无不透露出一句话：人才很重要！

　　沃尔玛公司从不把员工当作"雇员"来看待，他们公司规定对下属一律称"同事"而不称"雇员"。沃尔玛为了体现对员工的尊重，在企业重要性排位中，第一是客户，第二是员工，第三是领导。员工为顾客服务，领导则为员工服务。沃尔玛公司知道，员工作为直接与顾客接触的人，其工作质量和态度至关重要。领导的工作就是给予员工指导、关心和支援，从而让员工更好地服务于顾客。在沃尔玛内部没有上下级之分，下属对上司也直呼其名，这也让员工意识到，自己和上司都是平等的，对公司同等重要。员工也因此更加兢兢业业、全心全意地投入工作，为公司也为自己谋求更大利益。

　　作为一个企业管理者，要发自内心地平等对待公司的员工，尊重员工。恐怕现在大多数的管理者还是习惯性地把员工当成可以随意指挥的下属，当成创造利润的"机器"，所以员工也三心二意，当一天和尚撞一天钟，这样的企业已经跟不上互联网时代的节拍。如果管理者懂得反省，知道如今是互联网时代，层级制度被扁平化结构取代，每个人都是平等的，只是职务的不同，从而放低身段，尊重下属，诚心对待年轻人，不再高高在上，而是和年轻人平起平坐，这样互联网的转型根本不是什么大问题。

人是提高生产率最重要的因素，企业要想提高生产率和经济效益，就必须把员工当作最重要的资产。因此，追求卓越管理的真正秘诀是"必须尊重每一个员工"。在现代企业里，如果企业管理者不把自己的下属放在眼里，那么，这些下属就不会有干劲，也不会对上司产生好感，更不可能心悦诚服地执行上司的指示。

二、如何尊重员工

2016年3月2日《重庆商报》报道，陈华在2014年毕业后，进入一家科技公司技术部工作。一天，老板刘总找她，告诉她工作能力不行，设计有失误，给企业造成损失，让人事部辞退她。陈华还不知道怎么回事，还是同事悄悄告诉她，老板检查了她的电脑，可能发现她的工作有问题吧。陈华很愤怒，自己能力不行、工作有失误是事实，但老板也不能随意查看其电脑啊？这是侵犯员工隐私权，根本不尊重员工的表现。

在互联网3.0时代，人往高处走，哪家企业对员工好，员工干劲就大，哪家企业能厚待员工，员工就能为企业创造更多的价值和市场份额。如果老板还是搞官僚主义那一套，高高在上，一言九鼎，颐指气使，随意教训、惩罚员工，那么员工只会和这家企业"拜拜"，或者消极怠工、破坏生产等，还有员工会出卖企业秘密或者生产资料，从而给企业造成巨大的损失。为了安抚员工，也为了企业的良好发展，企业领导层必须学会尊重员工。

在互联网时代，竞争是全方位的，需要每一位公司员工的全情投入，这意味着每个员工都是不可或缺的，都是竞争中的一分子。企业想要生存发展，离不开员工的能力、经验、智慧、创造力、知识……对于老板来说，尊重员工，就等于尊重自己。

惠普的创建人之一比尔·休利特曾经说："惠普的所有政策和措施都是来自一种信念，那就是我们相信每一个员工都有把工作做好的愿望。只要公司能给他们提供一个合适的舞台和环境，员工必定全力以赴。"惠普是这么说的，也是这么做的，惠普的企业文化最重要的一条就是："我们相信与尊重员工。"惠普的各级管理人员都会把尊重员工、信任员工作为头等大事，从来没有出现管理人员打骂员工的现象。为表现出对员工的充分信任，让员工可以按照自己的意图去做事，如果上级决策不正确，员工可以指出，然后一起改正，这样员工有自信、有干劲，惠普的事业也蒸蒸日上。2014年惠普发布的3D打印系统，就是员工和领导一起努力的结果。2018年3月，惠普市值约为350亿美元。

员工上班不只是为了养家糊口、升职加薪，还有追求个人成长、满足自尊与自我实现的需要，这就要求现代企业必须跟上时代的变化，以员工为中心，服务员工，尊重员工。这种尊重的方式有很多，比如称呼上的变化。2015年10月，上海万科公司内部文件流出，宣布公司内部执行无"总"称谓的要求。无论日常工作场合、会议场合或是邮件、微信等沟通过程，均按此执行，这就是平等化的一个体现。

具体到企业当中，如何才算真正尊重员工呢？

（1）尊重员工的个性

以人为本就是以员工的个性为本。尊重员工的个性，前提是要了解员工的个性。比如了解他们的喜好、星座、特长等，只有深入了解员工，了解他们的价值观和生活态度，才能根据其个性安排职位，如让慢性子跑腿、让口才不好的员工当推销员就会本末倒置。

（2）让员工得到更多利益

员工求职，很大程度是为了养家糊口，不是为了名就是为了利，没名没利的事情没有人做。企业要想留住员工，激励员工，就得拿出诚意，让员工得到更多的利益和实惠。

除了加薪、奖金等传统手段外，股权激励也是非常有效的手段。比如，阿里巴巴员工持有股权占集团股权的3%左右；360员工共持公司22.3%的股权；腾讯的员工为2万人左右，员工持股比例相当于17%左右。更有甚者，谷歌在让员工获利方面，不仅照顾到了员工生前，就是员工去世后，家属也能获得一定的利益。比如，谷歌员工因意外去世后，其配偶可以在10年之内继续领取去世员工生前50%的薪水。员工死亡后他们的股票马上归属于他们自己，死亡员工的孩子每人每月将收到1000美元，直到19岁为止，对于专职学生则是23岁，并且"死亡福利"没有员工任职年限的要求，这就为很多员工解决了后顾之忧。

国内的腾讯公司也有类似的机制。2016年6月29日《环球时报》报道，腾讯过世员工的家属可以领取员工原有工资半薪十年。如果该员工有孩子，每多一个孩子，额度会有额外增加，每个孩子增加12个月的月薪。一部分是一次性支付，因为发生不幸时，家人会需要用钱；另一部分，腾讯会通过信托公司处理。

一个真正的老板会将员工视为关键性的资产，他会花更多的精力与钱财来发展此种资产，而绝不会出卖员工，以获取利益。他往往把更多的钱投资在员工身上。虽然他知道，商场上不需要怜悯与同情，但他更清楚的知道，员工与利润不是成反比，而是成正比的，对员工的投资会为他带来利润。

（3）"精神薪资"胜于"实际薪资"

如今，智能手机满天下，微信朋友圈满天飞，有些人喜欢在朋友圈中发布自己加班或者出差的图文，其实就是想让领导看到，如果领导及时给予点赞和好评，那么这个员工肯定会很高兴，也会更加投入工作。如果领导视而不见，这个员工说不定会很失落，工作积极性也会受打击。在互联网3.0时代，领导也要注意这些细节，对下属不能动不动就批评，要学会及时给予下属认可和鼓励。

下面几个方法可以让下属的需求获得充分满足，同时又能激发他们的热情和干劲，提高工作效率。

一是授予他们权力。领导在向下属分派工作时，也要授予他们权力，让他们觉得自己是在"独挑大梁"，肩负着一项完整的职责。

二是给他们好的评价。身为领导，最好尽量给予下属赞美和鼓励，至于负面批评可以私下提出。

三是奖励他们的成就。领导认可下属的努力和成就，给予适当的奖励，不但可以提高员工的工作效率和士气，而且可以有效地建立其信心、提高忠诚度，并激励员工更努力工作。

第五章 互联网3.0时代的整合方式

互联网3.0时代，什么都可以整合。比如，一个人做传统的辣条，另一个人做网络游戏，游戏和辣条毫无关联，但是他们却整合在了一起。卖辣条的提醒搞游戏的，游戏通过一关后，会掉落金币或者装备，你能不能将掉落的金币或者装备换成辣条或者其他小食品，这样游戏玩家知道了我的辣条品牌，他们通关后还能得到我们快递的辣条或者小食品，这样他们会更加投入游戏中，玩家会越来越多，这是双赢啊！结果，他们两家企业真的就顺利合作了，并得到双赢，这就是基于互联网的一种整合思维。阿里巴巴的淘宝网为什么大行其道，无人能敌，就是因为他们把所有的行业都聚集并整合在一起，消除了行业之间的界限，最终实现互利共赢。

企业的发展，实际上是对社会资源的一种整合能力。互联网技术的出现，恰恰能帮助企业突破时间、空间和地域的限制，让企业可以整合各地资源。爱因斯坦说："创新的本质就是组合（今天的话就是整合）。"牛顿说："什么是天才？天才就是把人们认为毫不相干的事物联系起来的能力。"整合思维正是互联网3.0时代的正确思维。

第一节 互联网的本质是高效率整合低效率

百度公司创始人、董事长兼首席执行官李彦宏说过："以一个互联网人的角度去看传统行业，就会发现太多的事情可以做。所以'互联网+'明显的特征就是高效率整合低效率。"比如，家电连锁企业过去的利润就比较高，国美电器曾经是中国最大的企业，因为利润高！而如今，互联网时代，京东商城的销售环节都在网上进行，如今也是排名靠前的大企业了，其核心就是用互联网的方法来提高效率、降低成本。一切低效率的企业和行业慢慢地就将被淘汰。比如，新东方等教育行业可能会遭遇巨大的危机。因为他们还在用一种非常传统的模式运营产业，过去，单项数千元的课程可以人满为患，但当在互联网上免费或者花费很少的钱就能系统学到各种课程的时候，愿意长途跋涉去新东方课堂上听老师讲课的人可能就少了。

互联网为什么能够颠覆传统行业呢？那是因为，互联网的速度比传统企业要高很多，同样一件事情，网上几分钟可以传播开来，而传统企业层层下达，起码需要一两天时间。互联网3.0时代，本质上就是对传统产业运营效率的改革。如今，互联网已经成为商业社会的基础设施。不管是传统企业还是互联网企业，谁能够充分利用互联网工具和互联网思维去优化企业价值链条，谁就能够赢得这场商业竞争。

一、整合现有资源，创新可以零成本

什么是整合？所谓整合，就是把一些看似不相关的东西通过某种方式而彼此衔接，从而实现协同工作和商业利益。什么是整合？所谓整合，就是对原有的生产要素和生产条件，进行新的组合，建立新的系统，产生新的价值。

大家都知道乔布斯是创新界的大师级人物，他总是标榜说"创新是区分领袖和追随者的准则"，但苹果公司却从来没有发明过任何一项新技术。不信就看看：

个人计算机不是乔布斯发明的，MP3播放器也不是他发明的，然而他在这些设备之上不断添加创新的元素，最终推出了Mac和iPod；

智能手机不是乔布斯发明的，平板电脑也不是他发明的，然而他在这些设备之上不断添加创新的元素，最终推出了iPhone和iPad；

电脑动画不是乔布斯发明的，也不是他第一个将计算机直接卖给消费者的，然而他在这些想法之上不断添加创新的元素，最终推出了皮克斯动画和苹果专卖店。

个人计算机上的USB接口技术是美国英特尔公司发明的，但却是苹果公司首先把它应用到了个人计算机上，使得这一技术得以推广。同样，Wi-Fi无线网络也不是苹果公司发明的。Wi-Fi无线网络是美国朗讯公司开发的，但它没受到重视，后来，苹果公司将这一技术用在笔记本电脑中，它才广为人知。

几十年来，苹果公司的理念与工作就是把世界上所有好的东西进行最完美的组合。成功的企业家都具备超强的整合创新能力。他们思路开阔，思考问题的角度独特，能够把截然对立的两种观点和模式有机地统一起来。

美国苹果公司总部

上海有一家箱包公司，销售额一直很平稳，由于经济形势不好，利润一直下降。为了转变，企业咨询一位营销大师，大师建议进行"产品杂交"，对原有传统的箱包进行智能化升级，比如在箱包里面安装一个芯片，具有精准的GPS功能，通过手机直接就能查询到这个箱包的位置。这样，经常出差的人，无论行李箱在机场、大巴车上，还是被人偷了、拿了，都能知道这个箱包的位置。接着又开发专供飞机应用的箱包，专供化妆师用的箱包，等等。结果，一个带GPS功能的箱包，2015年销售额就翻了一番，利润则翻了两番。

企业对资源的整合能力越强，资源的转换速度就越快，资源利用效率就越高，资源所创造出的价值也就越大。对资源的整合过程，实际上就是一个创造价值的过程。

人类的任何成功都离不开对资源的开发、组织、配置和利用，企业的成长过程实际上正是该过程的完美演绎，可以说把散乱无序的资源有序地组合起来，让其发挥出整体效能，这就是资源整合。对资源的开发、组织、配置和利用的能力就叫资源整合力。

互联网3.0时代，资源无处不在，关键在于如何凭借敏锐的洞察力发现资源，然后利用组织管理能力，以及丰富的人脉关系进行卓有成效的资源整合。

曾有一位营销专家授课，在课堂上他拿出几个烂水果，问道："同学们，你们有什么办法能把这些水果卖出去吗？"

台下的学生们想了想，说道："烂水果没人要，只能便宜处理呗。"

营销专家没有表态，而是拿起一把水果刀，把烂苹果去皮切块，做成了一个漂亮的水果拼盘。"你们看，现在这盘精美的水果，值多少钱呢？"

资源整合具有变废为宝的神奇效果，考验的是企业管理者的智慧与创新能力，从而为企业创造巨大的财富。

整合资源实质上是一种创新活动，需要发挥想象力，大胆突破、颠覆和借鉴。整合需要多方面的能力，经验、知识、关系网……更重要的是管理者的智慧与远见。整合资源必须大胆突破各种观念束缚，勇于颠覆一切传统的思维和模式，巧妙借鉴、融合其他产品、行业的资源、技术、思想、模式和方法，为我所用，实现多方共赢，从而取得竞争优势。

网上流传着一则很经典的故事：

一个农民对儿子说：我想给你找个媳妇。

儿子说：可我愿意自己找！

农民说：这个女孩子是首富的女儿！

儿子说：这样啊，行！

然后农民找到首富说：我给你女儿找了一个老公。

首富说：不行，我女儿还小！

农民说：可这个小伙子是世界银行的副总裁！

首富说：这样啊，行！

最后，农民找到世界银行的总裁说：我给你推荐一个副总裁！

总裁说：我有太多副总裁了，多余了！

农民说：可这个小伙子是首富的女婿！

总裁说：这样啊，行！

这虽然是一个笑话，但是这就是最形象的整合资源！一个农民的儿子瞬间变成了首富的女婿和世界银行的副总裁。

互联网3.0时代，企业如何才能良好地发展？唯有整合最好的资源，才有可能真正提供最好的产品和服务。未来所有的企业，无论大小，都将是平台型企业。什么样的平台？资源聚散的平台。今天所有做企业的人一定不要像过去那样单打独斗，或者敝帚自珍，一定要开放，一定要善于利用任何机会和资源，努力构建一个开放的企业"生态系统"。

二、速度往往决定成败

"快鱼吃慢鱼"是思科CEO钱伯斯的名言。他认为在互联网时代，大公司不一定就能打败小公司，但是速度快的一定会赢。当年加拿大将枫叶旗定为国旗之后，该决议刚通过的第三天，日本一家公司就已经赶制出枫叶小国旗投放到加拿大市场，结果销售火爆。这就是速度优势。

从发现商机到产品上市，互联网企业一定会比传统企业更快一步，因为企业内部制度、组织，以及市场反应能力，都要比传统企业更快一步。

如今，玩平衡车的人越来越多，在这个领域，很多人都知道世界最著名的品牌Segway。但创立15年之久、全球销量第一的Segway（赛格威），2015年被中国平衡车——小米投资的Ninebot（九号机器人）全资收购了。

在国外可谓家喻户晓的Segway，为什么会被一家新兴的企业收购了呢？这主要是因为Segway发展缓慢，推出产品也慢，远远跟不上时代的发展，也跟不上消费者需求的步伐。反观Ninebot，Ninebot的两位创始人高禄峰和王野是北京航空航天大学的校友。他们有数十年的机器人研发经

Segway的平衡车在国外十分流行

验,凭借扎实的技术功底和产品快速迭代的能力,Ninebot产品上市初便崭露头角。Ninebot推行"快速"和"创新"的经营理念:快速研发测试机,免费或用低价请第一批粉丝用户试用产品,收集用户意见后快速改进,然后迅速推向市场。正是因为这样的策略,深得消费者的关注和喜爱,慢慢地就淘汰了反应缓慢的Segway。

这就是在互联网时代"快鱼吃慢鱼"的又一明证。

很多公司基本条件相差无几,最初处在同一条起跑线上,但在几乎同时获得产品信息后,做法却完全不一样。有些公司尤其是传统企业,一步步向上汇报、请示,领导反复研究、开会,考虑困难,因为害怕担责任想的都是风险,结果拍板之后早已错过了最佳入场时机。

有些企业例如互联网公司,行动力极强,市场一有风吹草动,他们就可以凭借敏锐的洞察力发现商机,闻风而动,在极短的时间内整合优势,迅速上马项目,结果很快占领市场,效益明显。

两相对比,思想活跃、动作快捷的企业自然领先一步,及早抢得了市场商机,把因循守旧、按部就班的对手远远甩在后边,出现了"快鱼吃慢鱼"的局面。

那么,现在的传统企业该如何实践"快鱼吃慢鱼"的策略呢?那就是找大企业的"漏点"和"痛点"。当今时代,没有一个大企业没有短板、没有破绽,凡事有利必有弊,有时候大企业的优点往往就是它的弱点,只要你聚集一个独特区域、找到一个漏洞,拾遗补阙,完全可以创造全新事业!互联网3.0时代,就是快速迭代的时代,没有什么企业、模式可以长期垄断企业。比如游戏设计,在传统时代,制作一款游戏往往要数年甚至数十年。著名的美国暴雪游戏公司,推出一款游戏至少需要十年,而且策划、设计和开发过程非常专业化。但是在互联网时代游戏开发缓慢意味着还没上市就面临被淘汰的危险,就拿《红色警戒》游戏来说,换代缓慢,如今玩的人越来越少了。再看看国内的大型游戏,都是一年一换,紧紧抓住玩家的心理,不断更新迭代。大家喜欢玩的《英雄联盟》游戏,经常把各种英雄重新制作,以唤起玩家的兴趣,还推出各种皮肤,使得玩家趋之若鹜。

微软公司首席软件设计师比尔·盖茨说:"速度是企业成功的关键。"无数成功企业的经历证明:企业要想在市场竞争中创造优势并获得胜利的关键在于提高速度,只有具备快速反应能力的"时间竞争者",才能更具竞争力,并能得到长足的发展。

任何公司和管理者都应认识到速度的价值，并不惜一切代价提高速度。具体可以按以下几点去做：

① 减少不必要的制度和程序。制度和程序在一定程度上能制约公司向不好的方向发展，并能修正某些错误，但是过多的制度会变成前进的束缚，使得员工无所适从，或者缩手缩脚，不敢犯错，不敢创新。当制度和程序减少时，对员工的干预也就自然减少，这样员工的自主性和创新意识就会加强，工作效率和能力就能得到一定程度的提高。

② 精兵简政。在企业里，如果职能部门太多，层级过多，就会人浮于事，内耗严重，问题的层层传递和反馈就导致了大量时间的浪费。所以，一定要减少层级，减少部门，除非必要，不设立新部门，以便应对互联网时代的到来。

③ 在企业内部建立"绿色通道"。对于新的商机或者公司面临的问题，可以让最了解情况的员工直接越级报告，节省流程，也使管理者能在第一时间了解真相或市场变化，从而能迅速反应，快速决策。

第二节　把握跨界混搭的命门

什么是创新？创新其实不难，就是旧元素的新组合。比如将两个或者更多个原本在空间或时间不相关的事物结合在一起，或者将外行的元素引入本行业，带来格局的改变，这就是创新，也是思维的跨界混搭。

回顾过去几年，许多伟大的企业都是跨界进行的：格力做手机、阿里做汽车、百度做无人驾驶汽车等。如今，跨界将是一种常态。马云曾经说过一句很任性的话，他说，如果银行不改变，那我们就改变银行，于是余额宝诞生了，余额宝推出半年规模就接近3000亿。有报告显示，截至2018年9月末，余额宝资产净值达1.32万亿元。

格力不仅称霸空调界，还跨界做手机，不仅如此，2017年6月，格力的首台五轴数控机床自主研发成功。格力还涉足工业机器人领域。小米做了手机，做了电视，涉足农业，还要做汽车、智能家居。

随着消费需求的升级，消费者对产品的需求越来越多样化。市场消费的多元化和升级趋势,也为企业带来了更多发展机会。很多大企业跨界做产品,也是为了拓展业务,开拓利润来源,借助跨界寻求更大的成长空间。

一、跨界不需要专业

2016年10月,著名音乐人汪峰发布了一款运动耳机,FIIL Carat售价499元、FIIL Carat Pro售价1299元、FIIL VOX售价899元,用户可以通过FIIL天猫旗舰店购买。汪峰是唱歌的,但是他却跨界做起了耳机,相信他的粉丝们会热情购买,因为他们相信的是汪峰的欣赏水平和品质。其实,互联网的本质是跨界,利用互联网技术和平台,可以将任何行业融合在一起,只要有需求,只要有市场,就可以跨界融合。

有个笑话说:运营商搞了这么多年,才发现竞争对手原来是腾讯。因为微信对于运营商,支付宝对于银行,都是典型的跨界创新案例。

移动支付

跨界竞争已经成为当前企业竞争的关键词。在互联网时代,最恐怖的竞争是跨界竞争,比如,很多企业认为收费的主营业务,一个跨界的进来,免费,因为人家根本不靠这个赚钱。例如瑞星杀毒收费,360杀毒全部免费,结果杀毒市场翻天覆地,如今专靠杀毒获取利润的企业几乎没有了。微信免费,让舒舒服服地收了十几年的通信费和短信费的几大垄断运营商损失很大，为了跟上时代步伐，他们也不得不降低资费，寻求改变。

未来十年，是中国商业领域大规模跨界的时代，所有的行业都有可能被颠覆！来不及变革的企业，前景必定灰暗！在互联网时代，无论是哪一家公司，如果不能够深刻地意识到互联网时代的本质和精神，那么，无论过去他们有多成功，未来，都只能够苟延残喘，直到被淘汰。

现在，已经有很多传统企业进入了跨界行列。比如，服装品牌优衣库也开起了咖啡店，他们在位于纽约的旗舰店里引入星巴克咖啡，里面摆放了沙发、桌子，还连接了网络，这些措施都是为了能多留顾客一会儿，增加他们在店内购物的概率。这种跨界合作，双方不存在竞争，对双方都有利。

对国产手机行业来说，以前就是单纯地卖手机，依靠硬件来赚取利润。但这样的商业模式慢慢地要过时了，因为利润就是销售额减去人工、成本等费用，可延展性实在太低。手机是一片红海，竞争十分激烈，如果单靠硬件利润明显不足以支撑企业的运行。比如锤子手机，设计先进，硬件突出，使用方便快捷，但是他们就是靠卖手机获取利润，发展了很多年，如今还不算是一线手机品牌，和小米手机比起来，发展速度有些慢。相比之下，小米手机除了靠硬件获取利润，还以智能手机为基础，不断向外延伸，搭建生态链，完成手机由硬到软的价值迁移，推出多款官方配件，如耳机、移动电源、手机壳、智能手表、手环等。小米之家几乎每天都要发布新品，小到电动螺丝刀、背包、台灯，大到空调、净水器、风扇、电视，简直是无所不包！小米还推出可穿戴智能珠宝，大玩"珠宝"概念。小米将跨界混搭风玩得风生水起。魅族手机也推出所谓的女子天团、红酒套装等。这些企业都在拓展利润空间，都在为企业未来发展不断创新。

在互联网时代，跨界不需要太专业，只需要找准一个点，快速进入，抢占市场，就能击败转型慢的传统行业。传统的广告业、运输业、零售业、酒店业、服务业、医疗卫生等，都可以跨界。

未来，酒吧可能是征婚聚会场所，咖啡厅可能是老人休闲场所，肯德基可能变成青少年学习交流中心，银行等待区域也可以变成保健品销售处，这一切都有可能出现，如果你不敢跨界，会有别人跨界。

二、互联网跨界,赢在未来

如今正是互联网迈向"大互联"的新时代,跨界会成为一种必然趋势和普遍现象。2015年1月,天津狗不理集团获得澳大利亚最大的咖啡连锁品牌高乐雅在中国的永久使用权,他们计划今后5年新开连锁店200家,一边卖包子一边卖咖啡,或许未来,点一屉包子,点一杯咖啡,成了国人的标准早餐。

咖啡+包子也许会成为未来的早餐标配

目前,我国共有"中华老字号"企业2000多家,一些老字号企业经营状况不好,主要原因是固定客源少、营销不给力,尤其在互联网时代,越来越颓势明显。不过老字号也有优势,那就是品牌,这是互联网企业无法获得的优势,要想获得新生,获得发展,不妨学习狗不理集团,先跨界,再看看。

在很多行业中,企业的发展过程有这样一种说法,第一阶段卖的是产品,第二阶段卖的是品牌,第三阶段贩卖生活方式。跨界的根本是满足用户体验,让消费者获得更多更好的服务。

2015年3月12日,上汽集团与阿里巴巴公司宣布成立合资公司。阿里巴巴提供"YUN OS"操作系统、大数据、阿里通信、高德导航、阿里云计算、虾米音乐等资源,上汽集团提供整车与零部件开发、汽车服务贸易等资源。2016年,上汽集团推出和阿里巴巴公司合作的首款互联网汽车荣威RX5,上市3个月订单突破10万单。2018年3月,上汽集团又发布了与阿里巴巴公司合作的汽车2018款名爵ZS。

为什么这么多的企业钟情跨界呢？这主要是因为在互联网时代，不同产业的基因序列都需要进行重组。腾讯创始人马化腾在公司内部演讲时这样说道："现在传统零售行业和互联网之间的竞争，就好比是一个赤手空拳的人和一个装备着机枪的士兵打架一样，无论你会太极拳还是少林拳，都没有任何作用，因为对方一枪就把你崩了。这样说并不是危言耸听，互联网对传统行业的摧毁确实是非常之快的。"

　　比如，传统观念认为，开饭店的对手就是另一家饭店，卖袜子的对手就是另一家卖袜子的，如今时代不一样了，你的竞争对手未必是你的同行。很多都是跨界而来的对手给了你致命一击。比如，现在康师傅方便面销量大跌，一方面是人们追求生活品质，甚少吃油炸类不健康食品了；另一方面是外卖平台的火爆，不出门就能吃到更多样、更营养、更新鲜的外卖。康师傅的对手不是统一、今麦郎，而是饿了么、美团等外卖企业。这就是跨界带来的毁灭性力量，这也要求现在的企业家思路一定要打开，提升思考维度与格局。

　　如何利用互联网思维对传统行业进行颠覆？最主要的就是发现价值所在，就是发现新的利润点，只要能服务消费者，赢得消费者，就可以拿来跨界。比如，云南白药是中药企业，他们做牙膏，人们会买账吗？结果显示，云南白药牙膏用7年的时间，就实现了从3000万元到30多亿元的销售额！企业运用跨界思维要学会全方位思考，一定要跳出传统，出位出新。比如，娃哈哈杏仁青稞粥，就区别于传统的"八宝粥"；方便面都是弯曲的，今麦郎则打造出了直的方便面。

　　在互联网时代，跨界是企业迅速融入互联网的一条快捷通道，只要发现有价值的方向，就可以大胆出击，进行跨界，允许试错，允许失败，但是不允许原地踏步，否则只会走向没落。

第三节　创新都是微创新

　　谈到微创新，鼻祖级人物首选已故的乔布斯先生。他曾经说过一句著名的话："微小的创新可以改变世界。"360安全卫士董事长周鸿祎在2010年中国互联网大会"网络草根创业与就业论坛"上说："你的产品可以不完美，但是只要能打动用户心里最甜的那个点，把一个问题解决好，有时候就是四两拨千斤，这种单点突破就叫'微创新'。"周鸿祎谈到自己的产品时也说到了"微创新",他说:"360安全卫士从查杀流氓软件开始,也是一直在做微创新工作。查杀流氓软件就是微创新,传统安全厂商怕得罪人,不敢干,没有钱赚,不愿意干,袖手旁观看360的笑话,结果360受到广大用户的欢迎;后来,360开始给用户电脑打补丁,这也是一个微创新……360就是靠这样一个一个的微创新发展起来的。"

同济大学经济与管理学院副院长朱岩梅认为:"从工业史的发展来看,绝大多数创新都不是突破性的,而是渐进的。所谓'微创新',其重要的意义在于告诉大众,创新大多情况下并非突破性的、革命性的,创新的本质就是渐进性、累积性的。"

其实我们所用的很多产品,都不是从无到有,不是突然出现的,都是在原有产品上的小改变或者是边际上的小改进,也有突破性的创新,但是这类创新也是由一个一个的微创新积累而来的。微创新正在成为中国企业尝试的新方向,只要企业找准点,做出微小改变,就可能引爆整个市场。

一、在"模仿"中微创新

在互联网3.0时代,创新对于大多数传统企业来说仍然是一件十分艰难的事情,所以"模仿"仍然是他们最主要的策略。在这一点上,腾讯无疑是所有公司里面做得最好的一个。马化腾认为"模仿"并不可耻,但模仿有两个基本的要点:第一是选择的模仿对象;第二是把握模仿的时机。《马化腾:第三者的颠覆性模仿》中有一段话:

很多创业者往往一开始就掉进了创新的泥潭中,最后的结果当然是死于创新。我认为,模仿并不丢人,但模仿的两个要诀一定要牢记:

第一,是选择模仿的对象。一定要选择那些已经被证明成功的有发展前景的好对象,同时还要牢记模仿不是结果,它只是获取成功的过程中的一种手段和工具。模仿的目的在于创新以及颠覆,但我最反对的是盲目的创新,选择创新一定要谋定而后动。模仿的对象和模仿者是先发和后发的关系,先发者总会遇见一些预想不到的问题,而后发者则可以弄清哪些方面是最适合自身发挥的。所以我们在学习模仿先行者的基础上要学会有所取舍的创新。

第二，要把握好模仿的时机，在面对进入一个新的领域的时机把握上，我们一般都要去选择第二者出现后，即一家开创者与一家跟进者，两者出现后就表示了这个市场即将全面启动。此时，我们一定要多追踪一下市场，一旦我们能看得更清楚，就立即让大部队跟进，超过第二名，拼上第一名的位置。尽管这种理念有时候会让腾讯贻误了许多时机，但却保证了腾讯在战略方向上不会出现什么大方向的偏差，这对于度过创业期进入发展期的腾讯是至关重要的，尤其还是身处在这变化莫测的互联网世界。

新浪网的创始人王志东曾经公开批评马化腾抄袭，然而腾讯并不是简单地抄袭，在笔者看来这是一种巧妙的模仿，腾讯出品的产品在加入自己的创新内容之后，总能让产品体验极致化，将竞争对手远远地甩在后头。从这一点上就可以证明，腾讯不是靠抄袭纵横互联网的。所以说，互联网3.0时代下，这些互联网公司不是在抄袭，而是一种微创新的形式。

马化腾对于模仿一说有自己的想法："互联网中的许多核心技术其实都不是在中国，包括像一些即时通信技术等，这些都是从国外引进的。实际上有很多的被模仿者其实本身也是最初的模仿者，大家都模仿国外的一些商业模式，那么在这种情况下，谁能将模仿来的东西做到最极致，谁就是最后的赢家。"

很多人一看到"模仿"这类词汇，就会大肆指责，批评之声不绝于耳，这类人往往都是行动的矮子，只会纸上谈兵。要知道，任何创新思维都要经历一个模仿的过程，借鉴前人的经验，根据时代的需求改变，重新整合资源，只有这样才能最终成为变革者、创新者。

如今，很多互联网公司将核心放在整体战略方面，结果忽视了产品研发方面的创新。这种忽视细节的做法，反而让他们的战略无法真正地施展。真正优秀的互联网企业，可能不会大谈战略问题，而是埋头专心于打造产品，通过一次次微小的创新，让产品更加符合用户的需求。只有最终赢得用户认可的产品，才是真正优秀的产品，并且能够产生巨大的经济效益。

微创新最典型的案例，莫过于近些年的手机行业。尤其是在手机外观方面，厂商不断变换手机外形，每一次新机发布，大都加入一些微创新作为卖点，比如曲面屏、无边框、双面屏……有人对此嗤之以鼻，认为其实质都是直板机——没错，但是由此给企业带来了经济效益，这就是成功。

与美国等成熟的发达国家不同，现有环境下中国企业在高科技领域实现革命性发现创造的可能性较小，更多还处于技术模仿再创新阶段，这时"微创新"就显得很重要，只要善于发现细节，完善产品，就一定能赢得消费者的青睐。

二、模仿是手段，创新才是根本

自主创新并不意味着什么都要从头开始、自己干，市场上有现成的技术，就没必要另起炉灶，重新开始，直接在原有技术上进行模仿和再创新就行。比如，国产航母已经下水，即将交付海军。航母的建造可不是我国自主创新、在一穷二白的基础上凭空建造出来的。它脱胎于"辽宁舰"，也就是先前从乌克兰买来的航母，在这个基础上进行了模仿、吸收、研究、再创新，这样可以缩短研究时间，尽快形成战斗力。运营企业也一样，有现成技术，没必要自己再从头开始。

本田汽车公司就是在充分借鉴前人经验的基础上，创造出了自己的产品。1958年，本田公司召集了一大批研发人员，充分研究国外先进的摩托车，并经过100多项破坏性试验后，系统地掌握了摩托车的生产技术。之后，成功推出了第一辆集各家之所长、避各家之所短的新型"超级小狼"摩托车，从而迅速跻身生产摩托车的世界先进行列。

Super Cub C100（1958年）

日本很多公司都是以微创新这条路线作为企业的生存之本，凭借独特的匠人精神，在借鉴世界先进企业各方面经验的基础上，在设计和制作流程上进一步精进，从而生产出更高质量、更低成本的产品。如今，国内很多企业也认识到微创新的重要性，纷纷采取同样的发展战略。

没有模仿，何来创新？毕竟，在中小企业平均只有2.5年生存期的前提下，活下去才是当务之急。

互联网3.0时代，企业管理者应该充分认识到模仿的重要性，尤其是在企业技术开发能力积累的初期阶段，模仿会加快企业自身技术能力的形成。然而，单纯的模仿并不是长久之计，因为缺少核心竞争力的企业，很难在互联网3.0时代生存下去。

认识到这一点之后，就要求企业在最初的模仿过程中注重实现创新再造，即微创新。就像国画大师齐白石先生说的："学我者生，似我者死。"

模仿的过程是每一家企业的必经之路，也是每个人成长过程中的必经之路，向前人学习优秀之处，吸取了他人的精髓，才能更好地完善自己。但是，我们一定要在这个过程中加入创新内容。

无论是个人还是企业，起步阶段我们可以简单地通过模仿成功者维生，然而中期阶段就应该思考自己的模式，如何突破才能创造出属于自己的东西。

企业间的创新创造，不是一件很难的事情，只要摸准规律，企业就可以很快地进行创新或者再创造。

下面列举几种经典性的、最重要的、最具成效的也是最常用的创意技巧和方法，供企业学习参考。

首先，改变产品的材质。人们在创新的过程中，往往习惯从功能原理、结构方式或性能特征等方面去思考、探索，实际上更简单的方法则是改变事物的材质。例如，市场都是塑料壳手机的时候，iPhone推出了一款金属材质的手机，这就是卖点。那么，国内手机厂商就要考虑，如何在维持成本的基础上创新呢？小米手机就推出了一款陶瓷机身的手机，这就是创新。

再比如，由于工作地点的改变，租金不断上涨，北漂人群经常需要搬家，一些厂商便从中看到了商机，在家具材质方面进行创新。为了便于人们搬家，国外一些厂家发明出一种以橡胶气囊充气的组合构件式家具。用户买回充气构件和外罩，便可方便地组装成所需的家具，不要时亦可放气收藏。目前，国内市场上也出现了充气沙发、充气席梦思等新产品，这种创新产品的优势明显，具备一定的市场潜力。如果你是企业管理者，当你在产品功能、结构方面找不到更好的创新办法时，不如把思路转到原材料方面，说不定就会想出好点子。

其次，产品功能多样化。这里指的不是同类功能，而是在一个产品的基础上添加另一个产品的功能。例如，带有照明功能的雨伞、带有温度计的奶瓶、带报警器的钱包之类，这种主体添加，实乃一种最简单的组合创新艺术。

再次，塑造全新的产品形状。以手机为例，如果前几年有人告诉你可折叠的手机，你一定会最先想到翻盖手机。然而，如果有人告诉你智能手机可折叠，你可能不敢想象。如今，三星、华为等公司的折叠智能手机相继问世，这一独创性的产品到底是噱头还是成为爆款，让我们拭目以待吧！

企业在进行微创新时一定要注意产品定位，只有符合市场需求的产品才会最终占领市场。

第六章 互联网3.0时代的产品思维

在互联网时代，生产效率大大提升，产品供给出现过剩的态势，现在是消费者为王的时代，供大于求，就看消费者喜欢谁的产品了。很多互联网企业在打造自己的产品时，从消费者角度出发，做到极致、快速，成了爆品，有时候，一款产品就能拯救一个企业。

过去，传统广告总依靠传统媒介去告知用户，后来有了精准投放，比如按区域、按收入、按时段投放，出现了楼道广告、户外广告、电梯广告、公交广告等，再后来就是微信广告、直播平台的广告，现在，再好的广告也比不上产品本身，质量不好，广告打得越多，花钱越多，只有好产品才能"酒香不怕巷子深"。

产品思维的核心就是用户思维，在这个互联网3.0时代，如何做好用户思维很重要。企业在做自己的产品时，一定要注意，首先是满足现代消费者的基本需求，其次是满足消费的个性化、定制化需求，加入人性和关爱。在互联网3.0时代，企业不但要让自己的产品物美价廉，更要能让消费者感受到物超所值的惊喜。比如用户想要更快的，想要简单的，想要好玩的，企业就可以从用户口碑点、用户痛点出发，全身心打造出客户喜欢的产品，这样才能打造出爆品，一举成名！

第一节 找到用户痛点，打造爆款产品

如何打造出让消费者喜欢的产品？很简单，就是要做出超过消费者预期的极致产品。这就需要找消费者的痛点，抓住痛点，解决痛点，就能打造出符合消费者意愿的产品。什么是痛点？痛点就是用户的需求，是刚需，用户对产品的困惑、用户对产品不满意的地方就是急需解决的痛点。

比如，卖学习机的，找的就是家长不会英语、没时间教孩子的痛。卖培训课程的，找的就是企业凝聚力不够、员工能力低下的痛。再比如，吃火锅怕上火，吃辣椒怕上火，天气干燥怕上火，上火是人们的一个痛点。王老吉就是抓住了这个痛

点,"怕上火喝王老吉",一段时期内,王老吉的销量超过了可口可乐,如今,王老吉市值超过了200亿元。

前些年兴起的团购网站,刚开始抓住了消费者爱占便宜这一痛点,很多团购网站趁势而起。后来,随着消费升级,消费者不满足低质低价的产品,而团购网站没有跟上时代需求,还是低价促销,不能提供高质量低价格的产品,慢慢地就被消费者抛弃了,看看现在,几乎见不到团购网站了,就连凡客也受到了冲击,凡客低价,质量也不算高,消费者也不认同。

其实在互联网时代,企业打造新产品不一定要大资本大投入,只要找准用户痛点,也可以一款产品包打天下。

一、如何做一项爆款产品

一个品牌在不是大众皆知或者品牌基础还比较薄弱的背景下,要在互联网上建立品牌知名度,必须有一个爆款产品来作为主打,并利用爆款产品和品牌的捆绑营销来达成实效目标。

如今,互联网创业是大趋势,互联网的初创企业想要立稳脚跟,取得发展空间,需要爆款打天下,没有爆款,不能迅速打开知名度,也不能迅速积累资金,那么未来堪忧。做爆款一是产品质量一定要好,现在到了消费者对低质量产品不妥协的时代;二是价格一定要实惠,让消费者觉得物有所值,物超所值;三是自己的产品的卖点非常明确,要满足消费者对某一个点的全部需要,比如扫地机器人,覆盖率、清洁力、续航能力都必须强,否则客户买回家不实用,那就不是一款好产品。

互联网时代,出现过很多"单品海量"的产品,小米手机、褚橙等就是成功的代表。褚橙在预售期内,网站上就推出一系列青春版个性化包装,那些印上"虽然你很努力,但你的成功,主要靠天赋""我很好,你也保重"等幽默温馨话语的包装箱,推出没多久就在本来生活网上显示"售罄"。褚橙不是光靠营销手段,他们严格把控各个环节保证最优的产品和服务。在2015年,褚橙质量下滑,个子小、口感酸、坏果率高等问题出现,消费者评价不高,为了保证质量,褚时健砍掉了37000棵橙树,并公开在媒体上向消费者道歉。因为质量可靠,产品过硬,褚橙的名声越来越好。

褚橙的个性化包装

如今,消费者的选择余地越来越大,必然开始挑三拣四,这也就意味着在新的时代,要有新的思维,如何打造新的爆款,跟上这个时代,是每个企业应该考虑的问题。其实打造爆款产品也不太难,企业可以从以下几点做起。

(1)重新包装产品

大米是日本人的主食,有一家日本大米企业为了提高产品销量,一方面不断钻研提升大米的品质,一方面还与服装店合作,为大米量身定做和服包装,进行所谓的形象升级。他们给不同的大米定义了新的名字,将食物变成了礼物。经过重新包装的大米,一经投放,立刻获得消费者的青睐,企业销售额也是连年增长。

牙刷也是常规产品,但是宝洁旗下品牌欧乐B发布了一款智能电动牙刷iBrush,这款牙刷除了可以电动刷牙,还配备了专门的APP,比如记录刷牙的次数、时间、力度等,在牙齿发生问题时,可以为牙医提供这些数据,从而更方便地检测出问题。传统牙刷经过重新包装后,就形成了新的产品,依旧可以打开市场。

重新包装为很多传统企业的老产品打开了新的思路。传统企业可以为自己旗下的产品寻找新的消费者的购买点,寻找新的提升关注的卖点,重新包装,达到热销的目的。

（2）帮助用户节约时间

互联网时代，碎片化信息越来越多，让消费者无所适从，很多人购买产品时，大部分时间都花在了选择上。如果能为客户节省时间，相信很多客户会选择这样的产品。虾米音乐的"今日推荐歌曲"让用户不再花大量的时间寻找内容，并且增加了代替选择的惊喜性，大获用户好评。他们都是为用户节省了时间。在信息冗杂的今天，从用户心理出发，为用户节约时间，也是打造爆款的一个立足点。

（3）为用户提供极致的体验

在互联网3.0时代，企业在吸引客源打开知名度的同时，一定要把产品做精、做细，为用户提供极致的体验，来俘获客户的心。比如，长期以来，国产键盘、鼠标这类外设市场一直被几大国际品牌牢牢占据，为了打破国际品牌的垄断局面，大多数国产外设厂商希望通过省时省力的方法，通过快速打造产品扩大市场占有率。然而，中关村在线键鼠频道《真拆实料》栏目，曾对某些国产品牌鼠标进行拆解，结果令人大失所望——质量、用户体验都让人失望。

MSN一度是全球最大的即时通信工具，很多白领阶层使用即时通信工具的首选就是MSN，因为他们认为这个产品高端大气，而QQ在商务中却常常遭受鄙视。但是，现在MSN早已经成为明日黄花，而QQ依旧坚挺。

产品的极致体验是每一位客户所追求的终极目的，也是所有企业最应该关注的。MSN被QQ打败，主要原因之一就是败在了用户体验上——频繁掉线、丢失信息、无法传送大容量的文件、盗号问题频发等。再来看腾讯的QQ，在用户体验上不断创新，例如工作时为了聊天方便，QQ版面会自动隐藏，对话出现时右下角有闪动的提示，还可直接断点传送大容量文件，QQ邮箱还可快速收发大容量文件等，这就给客户良好的体验；反过来，客户也会大力支持这样的产品。

为什么企业一定要打造出爆款产品呢？因为一旦某个单品爆发，势必带动其他单品，这家企业也就有机会迅速发展。例如一家出版社，打造出一本经管类的畅销书，读者就会对该出版社同类产品产生好感，于是给予更多关注，购买更多同类型图书。

企业要做爆款，先要了解爆款。爆款一般有以下两个特征：

- 消费者非常感兴趣。
- 在市场同类产品中性价比高。

企业只要抓准这两点，就可以着手打造自己的爆款产品了。

二、迭代思维，要跟得上潮流

在互联网3.0时代，产品从上市到畅销一般在3~7天，是否成为爆款，是否取得广大消费者认可，一个月的时间就能看出来。因为在移动互联网3.0时代，3个月等于过去的1年，1年等于过去的5年。企业即使成功了，也不能欢呼雀跃，因为会有很多对手跟进，这就需要企业不断进步，快速更新自己的产品，保持领先优势。

传统企业一般是做好一个产品，内部检测一下，不完美就再继续打造，直到完美了再推出，这样可能已经错过了市场最好的时机。互联网思维讲究的是快，尽快推出产品，然后通过消费者的反馈，再不断改进，实现快速迭代，日臻完美。

迭代是互联网思维的灵魂，在产品发展过程中，迭代起到了非常大的作用。以手机生产商为例，苹果公司的iPhone产品已经出到了iPhone XS，其他公司也都是这样的思路，一年两款甚至更多款，这就是一种不断出新、不断优化的迭代思维。小米手机操作系统迭代的周期是一个星期，这虽然对MIUI（MIUI是小米公司旗下基于Android系统深度优化、定制、开发的第三方手机操作系统，也是小米的第一个产品）的程序员来说有很大的挑战，但小米还是坚持这么做，这样做的结果就是小米的MIUI每个星期后都有了一定的改进。这也一直保持了手机用户的新鲜感，留住了老用户，开拓了新用户。

乔布斯最后一次主持iPhone发布会

迭代思维的核心在于在尽可能短的时间内推出新品，强调的就是一个"快"字，"快"是迭代思维的根基。在互联网3.0时代，每一个产品的第一版本都不是完美的，总会有一些缺陷，一方面是为了快速占领市场，占据消费者心智。另一方面，同样的产品，消费者懒得购买第二次。比如手机，买了小米6，即使不满意，也不会再去买魅族6。这样，谁能快速推出新品，谁就占领了市场先机，后来者则需要花费很大的推广精力才能抢占一部分市场份额。再者说，快速推出新品，只要主要功能健全就可以，这样可以极大地降低成本和风险，在人力、物力、财力上是一种极大的节约。

以腾讯公司的微信举例，微信在发布第一版本的时候，只有一些最基本的功能，如即时通信、更换头像等，与QQ类似，实际上更像是一个手机版的QQ，只不过以手机APP的形式呈现。

微信为了快速发展，为了赢得市场，不断地更新，不断地改进服务，微信1.0版本具有快速分享信息、照片、设置头像等功能，接下来在1.2版本中加入了多人对话与群组功能。为了吸引更多客户，腾讯进行一次迭代，在2.0版本中创造性地加入了语音对讲功能，解决了费时费力的打字方式，为客户节省了时间，此举立刻赢得客户的欢迎，微信用户实现了爆发式增长。至此，微信已经非常成功了，但是他们并没有停下继续更新迭代的脚步。微信3.0版本，又增加了"摇一摇"和"漂流瓶"功能，拓宽了微信人群及覆盖面积，加速了微信社交属性的推进力度。在微信4.0版本中增加了定位功能，又推出了时下最火的"朋友圈"，使得微信的使用人群再次迎来爆发式增长，在2012年4月就达到1亿人。接着进行了4.2版本的迭代，推出了视频聊天功能，还推出了网页版微信。如今，微信用户数量正在向10亿迈进，恐怕没有任何一款手机APP可以与之相媲美。

迭代思维说起来很简单，就是快，"快"是迭代的必然要求，但是迭代的真正内涵是升华，是量变到质变再到量变的过程，不是装模作样地添加一个新功能就是迭代了。

2016年12月20日，摩根大通发表研究报告称，百丽国际鞋类业务同店销售同比下跌13%，平均每天有2间以上门店关闭。为什么百丽逐步走向了没落呢？有一个主要原因就是迭代缓慢，没跟上消费者的步伐。他们的产品更新速度很慢，这源于老旧的产品思维。过去，设计一款新鞋，需要半年到一年时间。因为设计期间，首先需要团队设计样品，敲定样鞋款式；其次召开发布会，让批发商或者区域负责人敲定订单，再根据订单生产原料和配件；再次，工厂开工，生产完成，由物流将产品配送到各地仓库和门店。这样下来，新鞋样式其实是一年前的款式。在互联网3.0时代，一个新款式可能2个月就被遗忘了，一年前的款式，肯定不被消费者接受。如今追求快时尚，赶潮流，谁会买一年前的旧款式？百丽的没落，产品迭代慢是一个主因。

互联网3.0时代，先瞄准再开枪的方式已经来不及了，当你还在瞄准的时候，说不定市场环境已经发生了变化，你的靶子可能早就变了。现在的靶子是移动的，你永远不可能瞄准，你能做的就是在射击中瞄准、校正、快速迭代。

对于广大的传统企业来说，具体该如何去做呢？

（1）自我升级，自己突破自己

如今，人们生活水平日益提高，物质资料极大丰富，人们对于产品的品质要求越来越高，很多人不再追求低质低价的产品，需求能提升生活品质的产品。再加上"90后""00后"已经形成消费主力，他们追求个性，教育水平高，品牌意识强，更加追求高品质、新奇有趣的产品。这种局面下，如今的企业不能抱着过去物美价廉的思想制造产品，在消费者开始更加注重品牌、品质和服务的时代，一定要生产出满足消费者精神层面和文化层面追求的产品，要不断升级，升级产品，升级自己的思维，突破旧的想法，开拓新的产品领域。

分众传媒的创始人江南春说过："在中国谁在贡献消费？'三高'人群，他们喜欢创新和潮流……'三高'人群愿意为品牌、品质付出更多，他们也是网络新经济人群。今天中国的主流市场从四五线市场又回到了一二线市场，如果你的产品在一二线城市站不住脚，你会发现，你的三四五六城市里面的销售也会跟着倒塌！更可怕的是，如今一线城市和四五线城市不再有信息不对称的现象。我是舟山人，以前我表弟看《舟山晚报》，现在他看今日头条。我表弟去年跟我说买车，他问我：'我想买一辆特斯拉，你觉得怎么样？'我觉得震撼。所以今天的中国，消费者最大的需求：怕死、怕老、爱美、缺爱。而在今天中国的市场，成功的消费品企业必须有两个素质：一是引爆主流，二是引领消费升级的趋势。如果做不到，你的企业没有未来。"

互联网3.0时代，竞争异常惨烈，对于不思进取的企业来说，过去的成功其实正是明天的陷阱。最好的方法就是自己跟自己竞争，例如腾讯在QQ天下无敌的时候，推出了微信，笔者觉得未来很长一段时间，微信依旧会牢牢占据武林霸主的位子。

（2）不断地创新和更迭

一个产业总会经历不断的创新和更迭，企业产品也是如此。在互联网3.0时代，企业的产品就应该不断更新，不断地完善自身品质，从而给消费者带来更好的体验。

你是否还记得多年前熬夜不睡，就为了掐准时间去"偷菜"；上班时间无法专心工作，而是为了"抢车位"？开心网曾经红极一时，2010年7月，开心网计划赴美上市，未果。此后，开心网便走下坡路，逐渐被大家所遗忘。后来，开心网被赛为智能公司收购。

如果具备良好的迭代思维，说不定开心网早就成了一家知名的互联网企业。可是他们为了拴住客户，没有开放平台。开发创新能力后劲不足，导致后期没有好的游戏产品跟上。开心网是靠游戏崛起，当用户玩腻一个游戏，如果没有一个新的有黏性的游戏出现，用户就会离开，开心网就是因为更新不足而倒下了。

同样败在速度优势下的还有豌豆荚。2016年7月，豌豆荚被阿里巴巴收购。原本豌豆荚也是不断努力的互联网企业，不断在分发业务上努力，深挖应用分发、推荐新特色。但他们是按部就班地发展，没有跟上互联网时代的速度，跑得慢就会被淘汰，被收购也是必然的结局。

拿艺术来说：一种东西，人们看久了，就会产生审美疲劳，所以需要创新；如产品，随着现在的高速发展，你不更新，别人是会更新的，就像赛跑，你要不停地跑才能领先，只有不断地更新换代，一代胜于一代，才能带来更大的机会，更多的收益。

在当今的互联网3.0时代，如果还有谁拒绝迭代思维，那他必定是在拒绝未来。没有谁可以一次性地解决问题，也没有谁可以一步走到完美，唯有迭代才能出精华，也只有迭代才能跟上时代的潮流。怕麻烦的人永远只能固守，敢突破的人才能创新，迭代就是要在不断改变中快速向前，直至独占鳌头。

第二节 用户思维，打动顾客

在传统的企业里，推广产品用的都是老一套，基本都是通过电台、电视台广告，或者发传单来告知客户，产品杠杠的，都来买吧！还有一些为了追求轰动效果，就加入一些新的元素，比如开产品发布会、招募经销商，等等。以这种方式销售的产品，消费者最后都会发现产品缺少了温情。因为在传统的产品思维下，企业利润都来自产品，聚焦点也都在产品上，即使强调用户需求，也是有一搭没一搭。到了互联网时代，产品思维要向用户思维转变，因为现在已经不是卖方时代了，现在是买方时代，是消费者具有话语权和决定权的时代。企业必须注重用户的需求和体验，强调从产品、服务、文化、精神等各个层面满足用户个性化、多样化的需求。

用户思维其实就是一种打动思维，相较于冷漠的客户思维模式，用户思维是把每一个消费者当成朋友，而产品则是他们产生关系的介质。互联网下的用户思维不再强势推销和只有告知。没有劝说，只有用心打动。

在这个买方市场时代，只有把目光真正从产品转向用户，商品才更具吸引力和生命力。

一、注重用户体验

以前的运动鞋品牌是怎么打广告的？通常是拿性能来说事儿。比如耐克推出一款气垫运动鞋，就会疯狂地打这方面性能的广告。但是这些年，运动鞋市场都打感情牌了，比如多运动吧，对健康有好处，穿我的鞋吧，跑步轻松愉悦等。

再比如，某家炊具公司做了这样一则广告：忙碌一天的男人，下班后，疲惫地走回家，这时候，家里老婆已经做好满桌子菜，儿子在阳台张望，看爸爸有没有回来。7点整，他正好进家门，然后就是一家人欢笑着共进晚餐。画外音响起：7点，没什么比回家吃饭更重要。这款广告深深打动了很多上班族，他们也因此记住了这家炊具品牌。为什么现在很多企业都打情感牌？因为有机构研究发现，情感是促使消费者忠于品牌的最大因素。企业如果学会打情感牌，加大与消费者的情感互动，则有望将年收入提高5%。

打情感牌也是为了给用户良好的体验，用户有了好的体验，就会有购买的动机。

马化腾的QQ就是因为找到了MSN的不爽点，才将MSN绝杀于中国的市场。MSN容易掉线，发生问题时解决的速度也特别慢。马化腾正是看到了其重大的不足之处，才将QQ的功能发展到现在的完美境地，让每一个用户都能感受到QQ的爽点。马化腾说："做产品就要做让用户有感知的产品，用户很多时候拿到产品一看，这个功能不懂，那个功能又不会用，甚至很多时候连产品的功能还未明白就将这个产品从自己的电脑或手机上删除了。如果是这样，那么就代表这个产品是彻底失败了。"

MSN已经正式退出中国

比如现在，越来越多的消费者更加注重手机的体验感和智能化需求，用户想让手机具备更多智能功能，方便日常所需。如今很多智能化手机厂商看准了这一商机，精确定位消费者的需求，开发出相关APP，增加用户体验感，目标是通过一部手机，让用户集通信、社交、生活、办公等于一体。随着手机的功能越来越强大，用户对智能手机的依赖性也越来越高，这样手机厂商与各类APP开发者就算成功了。

七格格是一家网络原创服装品牌，为了给用户带来良好的体验，它们组建了很多QQ群、微信群。每次发布新的服装款式之前，公司都会将新款设计图上传到店铺上，让网友们展开投票，进行评选，并通过QQ群、微信群与网友互动、讨论，在获得大家广泛认可之后，再下单生产。通过这种方式，增强了用户体验，同时也不会浪费企业资源。

这种生产方式颠覆了大牌设计师引领时尚潮流的传统模式，消费者可以自主决定款式，甚至引领时尚的走向，越来越多的消费者喜欢上了这种模式。在互联网3.0

时代，七格格的双向沟通的模式大幅度提升了品牌价值的累积速度，成为互联网服装类发展迅猛的品牌。

商家在创造一个产品的过程中，往往忽略了用户的地位。其实用户也是产品的一部分，不能忽视用户的力量，要调动他们的积极性，使其热情地参与到产品的创造上来，这样才能把产品的价值提升上来。

2012年6月，"三只松鼠"横空出世，很快占领了市场，2018年便稳居全网年货销量第一，这一切都得益于创始人章燎原在产品和服务方面的转型。

为了在激烈的市场竞争中脱颖而出，章燎原首先从品牌上突破，之后重点打造用户体验，创始人亲自上阵担任客服，为的是了解客户的需求，之后总结出一套独到的经验，对客服人员进行培训，教会客服"做一只讨人喜欢的松鼠"。

这一招小米公司也运用得非常好，很多网友都会跟客服人员调侃几句，这都说明在用户体验上，这些企业是非常成功的。

互联网3.0时代，用户思维同样重要，通过拉近与客户的关系来提升客户体验度，从以前强调功能的服务思维转化为情感思维。

用户的反馈永远是产品更新换代的重要参考。用户反馈回来的意见，能够更好地为产品的设计提供有价值的参考，用户的建言献策是每个产品企业都必须重视的。正是用户对产品提出的各种要求促进了产品更新换代的步伐，使产品的功能升级在逐步完善。一次性就做出一个完美的、无可挑剔的产品，这种情况是不存在的，因此说，用户的需要始终是促进产品迭代的重要保证。

企业该如何看待用户的意见呢？

（1）满足基本需求

用户体验最基础的是用户需求，产品设计一定要从用户需求出发，否则，生产的产品再漂亮，包装再精美，客户也不会选择。据说，原来的牛奶箱是没有提手的，人们买了一箱牛奶之后，就只能抱着或者扛着走。蒙牛集团的总裁杨文俊在下基层考察的时候发现了这个问题，于是想出了在箱子上安装提手的方法，这样，人们就可以轻松地提着箱子走了。这就满足了顾客的基本需求。

过去的听装啤酒的拉环，一般是向外拉的。如果拉环断裂，易拉罐的开口就很难打开，只能用刀戳一个小口，将酒倒出来。这种拉环设计其实就没考虑到用户体验，否则肯定会设计更容易拉开，并且不容易断裂的拉环。有一家啤酒企业就发现了这个问题，采用了一个向里按的开口设计，专业上似乎叫内开启。据说内开启的口子会比外开启（外拉）的大，这样可以大口喝酒，感觉上更豪爽和畅快。而且，拉断的风险没有了，打不开的风险也没有了。这似乎是从用户体验出发而进行的设计，只是，这么设计的人，你们就没想到过卫生问题吗？把暴露在外面的开口摺进酒里，更容易把外面的脏东西带进酒里。从设计的角度来说，向内开启与向外开启相比，有它的一些优势，但是，这些优势跟酒的卫生安全相比，根本就不值一提。酒的安全卫生一旦受到怀疑，消费者就不会购买，这就是没有做好用户体验，没有解决用户的基本需求的例子。

（2）功能性问题

对待功能性问题，尽量想出最好的解决办法，不能盲从，因为用户需要的产品一定不是一个盲从、跟风的产品。

小米论坛里有一个荣誉开发组，简称"荣组儿"，这是粉丝们自发组建的，他们拥有一项特权，就是可以提前试用未公布的开发版产品，然后对新系统进行评价，如果"荣组儿"觉得这是一个烂版，就可以公开向整个论坛的人发出告示，告诉大家不要升级。这样一来，小米的工程师们就会重新设计，以便让大家满意，这也促进了小米系统的不断进步，也为小米的疯狂销量打下了坚实基础。

小米企业还会邀请"荣组儿"参与一些绝密型产品的开发，MIUI负责人洪锋说道："很多的沟通是双向性的，需要给用户权力。就像信访办，如果用户觉得提意见并没有什么效果时，久而久之他就不会再张嘴了。只有他觉得自己做一些事情会让你很难受的时候，他才能有动力。提前给'荣组儿'试用V5新版本其实也是承担了很多泄密的风险，但是我们又不能够得罪用户，所以当时我们选了大概是10个用户，这些用户在'荣组儿'里面人品是久经考验的，他们是我们用户里面的常委。当你真的信任了用户，用户也会信任你，说到底其实这是一个社区培育的问题。""荣组儿"这个组织自2011年下半年成立以来，并没有出现过任何泄密的情况。

小米粉丝们参与小米手机的开发，就保证了产品的质量，也保证了产品的实用性，这对于消费者和小米企业来说，是双赢。

（3）妥善处理消费者投诉问题

由于互联网的普及，频频爆发的各种危机事件，其介质已经发生变化，从传统媒体开始转向微信朋友圈、微信公众号等自媒体。在互联网3.0时代，危机以微博、微信等自媒体为辐射核心的平台，已经开始将触角延伸开来。在很多危机事件中，引爆危机的导火索大多数是因为企业的服务做得不到位。很多企业由于对消费者投诉不重视，甚至厌恶消费者的投诉行为，使得一些很小的投诉事件发展成为遭遇媒体讨伐的危机事件。

如今，自媒体大行其道，使得危机升级的速度更快。例如，某人在其微博上抱怨A企业的产品质量或服务问题，这样的信息有可能被大量转发，有类似问题的人会迅速集结，表达自己对A企业产品质量或服务问题的不满，在网络上形成有影响力的声音，加速危机事件的形成。因此，当消费者投诉时，企业必须予以重视，并进行有效处理。

众所周知，企业有效地解决消费者投诉，不仅可以赢得消费者的认可，还能提升消费者的忠诚度。因此，在面对消费者投诉时，企业必须积极地处理消费者的投诉问题，为在服务、产品或沟通等问题造成的失误进行及时补救，从而赢得消费者的认可。

2016年10月，三星公司旗舰产品Note7爆炸，于是三星公司开始全球召回此款手机。退换货的时间一直延续到2016年12月31日，消费者仅需携带GalaxyNote7手机以及相应购买凭证（发票、收据等）便可到原购买渠道办理退换货，如有三星电子附赠的赠品则无须返还。可以说，这是一次成功的危机公关，表现出了三星公司的诚意。

互联网时代为什么要让用户说了算？因为现在用户的权力大了。各种传播平台使得用户可以发出自己的声音，对待不好的产品，每个人都可以说出来，并让更多人知道。企业不能再像过去一样，花钱消除负面影响，因为负面影响被扩散后，是消除不了的。用户在微博、微信上的自由表达和随手转发，可让企业一夜爆红，也可让企业瞬间贬值。南京一家企业在山上养的鸡，名曰"跑山鸡"，为了让消费者亲自见证这种鸡与圈养鸡的不同，专门邀请消费者去山上抓鸡，可是这些鸡和野鸡差不多，不是在树上就是在山涧，并没有那么好抓，通过体验不仅凸显了产品优势，而且在自媒体上引爆了话题，不用企业花一分钱，品牌就已经传播出去了。

在这个瞬息万变、用户说了算的时代，必须以用户为中心、全方位快速响应用户的需求。

二、用户的个性化设计

在传统工业时代,用户在家通过互联网就可以"造"出一台空调,这无疑是一件不可能的事情。然而,在互联网3.0时代,海尔却把这样的科技梦想变为了现实。海尔郑州互联工厂可以为用户定制空调,客户只要把喜欢的空调的颜色、款式、性能、结构等从网上传给工厂,工厂客服就把订单提交给生产车间,海尔智能制造系统就自动排产,生产出符合客户需求的空调。

海尔产品个性定制页面

海尔集团董事局主席兼首席执行官张瑞敏认为,原来产品销售是以企业为中心,信息不对称,互联网让不对称消失了。在互联网化的今天,制造模式必须由大规模制造转向定制制造。他认为:"改革开放初期,由于劳动力成本低,以加工为主的'中国制造'迅速发展起来。但近年来,随着中国劳动力成本上升,国外许多大企业的生产线在收缩,定制模式慢慢来临。"

比如手机上的安卓和iOS系统,选择安卓的人多,主要是因为安卓可以根据个人的需求进行个性化定制,而苹果的iOS系统就没办法定制,体现个性化也只能换换手机壳了。未来的手机可能就是模块化生产,个性化定制,你想要曲面屏,想要无边框,想要什么牌子的照相机,想要什么材质和颜色的外壳,都可以向手机制造厂提出要求,进行定制。因为互联网的出现,让消费者可以更多提出自己个性化的需求,消费者生活方式发生了变化。

在互联网时代,用户的个性化设计为传统企业打开了一条通道,传统企业进行个性化改造,一样可以东山再起。美国就推出了一种新型报纸——个人化报纸,即

《华尔街日报》个人版,在美国本土,读者每月只要支付15美元,就可享受全天24小时的新闻剪报。读者每天早晨一打开电脑,即可读到一份专门为自己设计的报纸,内容基本上是自己需要并感兴趣的。

在互联网3.0时代,个性化定制已经成为趋势。

国内服饰品牌众多,但产品同质化问题严重,"撞衫"、大小码偏差、个性化需求得不到满足,这就衍生出很多服装定制企业。"埃沃裁缝"就是一家男装定制品牌,在全国30个城市开设了线下体验店,2015年他们推出了"易裁缝"定制平台,为用户提供上门定制服务。因为埃沃裁缝坚持以用户体验为中心,一切从客户的需求出发,按照客户要求进行生产,所以发展良好。可以说,定制是互联网时代一个具有标志性的消费观念。

本来生活网推出了私人定制版的褚橙,赢得了消费者的喜爱。刘飞准备结婚,看到褚橙私人定制包装推出以后,就定制了褚橙,准备用在婚宴上。他定制的褚橙,在包装上印着"刘飞欢迎您来参加婚宴""小小橙子代表我们的心意"等,结婚那天,这种个性化的橙子引发了亲朋好友的热抢。很多人也萌发了定制橙子的想法。

从量化生产到定制化,不仅仅是一个理念的改变,对于企业而言,更是一个系统的改变。私人定制模式,虽然是一个趋势,但定制模式对于消费者而言,是价值的最大化,但是对于企业而言,如何实现盈利的最大化和效益的最大化则是一个不小的挑战。

三、极致服务,超越用户预期

腾讯公司控股董事会主席兼首席执行官马化腾说:"极致就是超越预期,服务也是营销。那么极致的服务,自然也能超越用户的预期,创下极致的口碑。"什么是极致的服务?比如在海底捞,店里没空座位了,客户等位,合情合理。但是海底捞没有因此而停止服务的步伐,他们为了让等待的顾客不心急,就给顾客送免费的零食和酸梅汤,让顾客在等待的时间里不会觉得很饿而烦躁。此外,还免费为顾客提供做指甲以及擦鞋的服务,这就是超越预期的服务。海底捞也因为超值的服务,获得了良好的口碑。

在武汉，有一家连锁洗衣店，开业不到三个月，就覆盖了武汉40个大型社区和高校，月营业收入超过50万元。这家店主吴新宇是怎么做到的呢？他的主要特点就是极致服务，满足客户的一切需求，比如顾客很忙，没时间送衣服、取衣服，吴新宇就开展上门服务；为了消除顾客怕洗不干净、洗坏衣服的忧虑，洗完衣服送上门之后，顾客满意了，再通过第三方支付平台支付，这样就解决了用户的后顾之忧。如果衣物出现了什么问题，一定会进行赔付。这样的服务打败了众多的传统类洗衣店，这家连锁店的生意火爆，也可以想象得到。

马化腾认为："能真正超越用户所期待的服务，其实就是一种人与人之间的情感交换过程，应该说这是企业与用户之间的默契。彼此尊重，彼此平等，超越用户期待的服务是非常重要以及非常难得的。"

美国尼尔森公司曾经做过一次调查，结果显示，导致企业失去客户，主要有以下六种原因：

- 1%的客户死亡；
- 3%的客户搬家迁移；
- 5%的客户受到其他公司的影响；
- 9%的客户受到较低价格等诱惑；
- 14%的客户对公司的产品和服务的质量不满意；
- 68%的客户因为员工的冷漠态度。

其中，服务态度是影响顾客忠诚度的一个很大因素。美国犹他州有一家滑雪场，位于环境优美的公园内。当你来到这里后，服务人员首先帮你从汽车上取下滑雪工具，安排停车位置。在停车场去往滑雪场的路上设有专门免费接送的巴士，在滑雪场内行走的道路上铺有保温材料，以防滑倒。滑雪时，初学者会得到专业人员指导。滑雪结束后，场内设有免费保管滑雪工具的存放箱。为了减少排队和拥挤现象，每天都限制上山的人数。

正是这种周到、优质的服务，让顾客感觉到舒适、方便，从而使顾客愿意为其超值付出。

研究结果表明，对一个企业忠诚达5年以上的顾客，可以比一个新客户为企业带来更高的利润。忠诚的顾客不仅会购买更多的产品，而且对产品的变化不太敏感，企业的服务成本也会下降，且不像寻找新顾客需要进行较大的投入。另外，忠诚的顾客群还会起到义务广告的宣传作用，并更具有说服力。

有一位记者去香港出差，晚上下班之后来到一家面馆，要了一份当地很有名的汤。结果汤很快上来了，摆在这位记者面前的是一大盆。记者忙问服务生："这么大一盆汤，我能喝得了吗？"

"你也没说是要一大盆还是一小碗呀！"记者一时语塞，匆匆喝了几口汤，心里觉得很不好受，便气呼呼地走了。

过了几天，记者又来到一家快餐店，再次点了一份同样的汤，这一次还是没有说是一大盆还是一小碗。不一会儿，服务生给他端来一小碗汤，并且说："如果不够，您可以再来一碗。"从此之后，这位记者每次来香港出差，都会到这家快餐店用餐，还经常发表文章，帮这家店做宣传。

不要用赚钱的心态去赚钱，而应当用服务的心态去对待你的客户，这样你在不知不觉中就为自己赢得了广阔的市场和巨大的财富。所以，顾客是有价值的，顾客的价值就在于他可以购买你的产品，也可以宣传你的产品。

在一家饭店里，客人来齐，请客的人就招呼服务员说："小姐，茶！"

服务员小姐茫然地上前挨个数一下，说："1、2、3、4、5、6，共六位！"

客人听了，都笑了，请客的人见服务员误会了，就补充说："倒茶！"

服务员小姐忙又"倒查"了一遍，说："6、5、4、3、2、1，还是六位。"

这时候，请客的人着急了问："你数什么呢？"

小姐犹豫了一下小声答道："我属狗。"

众人以为小姐故意找碴儿，都很愤怒，忙高喊找经理，经理不解，进门问："各位客人，传我何事？"

请客的人说："别多问，去查查这位小姐年龄属相。"

经理不解，匆匆而去，回来说："22岁，属狗！"

这下请客的人和几位客人也无奈地笑了，决定换一家饭店吃饭。

这虽然是个笑话，但是也反映出，没有好的服务，就不会有好的口碑，没有好的口碑，就不会有回头客。

没有良好的服务，企业永远难以巩固市场。占领市场似乎很简单，但巩固市场就没那么容易了。如果不能巩固市场，即使你征服了所有的市场，最后留在你手中的仍只是一小块市场。巩固市场的法宝是什么？是服务。

河南许昌的胖东来百货,在河南许昌家喻户晓。超市那么多,为什么人们爱去胖东来购物呢?其实很简单,它就是通过极致的用户服务来吸引客户的。比如进入胖东来时,工作人员都是笑容满面,与用户说话时都是亲热地喊哥喊姐,用户中有抱小孩的、有提重物的,马上就有人过来帮忙。比如,胖东来百货东西全,在二三线城市买不到的产品,胖东来就可能有。在胖东来百货,你可以买到鹅蛋、鸽子蛋等并不常见的商品,还可以买到西安人最爱的冰峰汽水,东北人最喜欢的秋林格瓦斯。再比如,一般商场为了追求利润,一些带叶蔬菜,即使有烂叶子也不弄掉。一些土豆红薯,即使带着泥土,也不刮掉,但是胖东来站在顾客的角度,将枯叶修剪掉,将泥土去掉,这就是尊重客户的一种体现。

为了更好地服务顾客,胖东来推出了免费存车、免费打气、免费饮水、免费电话、免费熨烫衣服、免费裁缝裤边等服务。你要问买东西去哪里,许昌人会十分肯定地回答:胖东来!

胖东来被誉为"百货业的海底捞"

从胖东来的例子中可以看出,把服务做到极致,就能够赢得用户的心。然而,由于种种原因,胖东来的商业传奇没能延续下去,如今已经闭店。不过,胖东来服务客户的理念依然值得所有商家学习。

做企业就是做人,只有用心服务,才能树立品牌。谈到服务顾客,就需要以顾客为中心,为顾客提供所需要的产品和服务,这种"需要",包含着两层含义:

第一，顾客需要什么样的产品，企业就生产什么样的产品，企业只有精准定位，锁定客户群，才有生存价值。

第二，顾客是企业产品的最终认证者。再好的产品，如果无法得到消费者的认同，也是失败的产品。因此，企业所提供的产品和服务只有满足顾客的需要，才能实现企业的自身价值。

服务是企业成功不可或缺的一部分，因为任何一个产品都不能保证完美无缺，所以，服务已成为提升企业竞争力、抗风险能力的重要组成部分。

# 第七章 互联网3.0时代的营销策略

如今,随着互联网3.0时代的到来,物联网、云计算、区块链等技术层出不穷,B2B、B2C、C2C、O2O模式多种多样,移动互联网已经成为一个非常强大的营销平台。企业可以借助大互联的平台,高效、精准、便捷地接触目标用户,了解用户的行为习惯和诉求。在互联网时代,营销环境在不断发生变化,一些过去的营销理念、经营策略都需要做出改变,企业营销不能因循守旧,要及时转变营销理念与营销策略,这样才能应对变化多端的市场,适应瞬息万变的互联网时代。

如今的营销传播已经进入互联网3.0时代。到了互联网3.0时代,更多的是如何跟消费者的价值观、情感心理需求对接。企业不应该仅仅做出消费者需要的产品,而应该做出深入人心的产品;不应该简单地把产品推销出去,而应该让产品与消费者产生情感共鸣。在市场上,每一次营销观念的重大变革,无不是向重视客户方向更进一步发展的结果,未来营销的趋势也是如此。在营销中,企业必须时刻想到如何维护好客户,这样才能有更好的未来。

第一节 打造粉丝的亚文化圈

在过去传统产品时代,老板看重的是产品的销路和销量,营销部门的大多数时间都用来和经销商打交道,谈判内容就是折扣率高低、回款时间快慢,然后就是为了产品的知名度而上电台、电视台、报纸、杂志等媒体打广告。请明星代言,主要还是为了推广产品,让消费者认知,让消费者掏钱购买。往深里说,过去的营销,做的就是一锤子买卖,消费者与生产商家信息上的不对称,导致受伤的总是消费者。如今,互联网已经普及,消费者可以通过各种渠道了解产品,不会再被传统的营销方式忽悠了。企业再怎么挂气球、拉横幅、发传单、打广告也未必能招徕消费者,因为人们上网一搜,再看看网上评论,就知道产品的好坏,买不买可以自由决定。拿汽车行业来说,红旗品牌底蕴深,名气大,可谓是高大上的品牌,按理说,

经过几十年的发展，早该成了汽车行业的领头羊，应该混得风生水起，可是由于研发不给力，生产不出高质量的产品，在市场上就是得不到消费者的认可，销量很惨淡，因为现在的消费者很精明，对不好的产品就是不买单。

互联网时代实际上是企业"去中间化"直接与用户接触的过程，因此企业必须高度重视与用户之间的关系。"用户至上"是互联网营销的本质，这种"用户至上"的服务理念最鲜明地体现在"粉丝经济"上。

"粉丝经济"，是指以产品为媒介，打造一种有着共同语言的亚文化圈子。在粉丝群体中，忠诚度最高的是"死忠粉"，他们不管产品好不好，都无条件热爱，比如TFBOYS和《小时代》的粉丝。郭敬明的电影《小时代1》《小时代2》《小时代3》《小时代4》，口碑并不算好，但郭敬明、杨幂等一批娱乐名人还是吸引了大批年轻粉丝。有数据分析公司调查后发现，观看《小时代》的观众平均年龄为20.3岁，这批典型的"90后"成了《小时代》票房的最大贡献者。很多人可能不理解，但是想想自己小时候，不也是追星族的一员吗？时代不同了，追求也在变化，我们应该更宽容地看待现在的粉丝群体。目前我们所处的时代，"90后""00后"是主力消费者，他们喜欢新鲜和好玩的事物。所以企业必须维护好和他们的关系，因为他们是掏钱的人，这也要求企业必须站在粉丝的角度，思考他们要什么、想得到什么。

疯狂的粉丝经济

一、粉丝是一种长尾经济

"眼球经济",就是企业如何吸引消费者的眼球,引起消费者的关注,但是"眼球经济"和消费者没有互动,仅仅是简单粗暴的推广模式。在移动互联网时代,出现了"粉丝经济"一词。其实,粉丝经济就是眼球经济的进化,不过,在这种模式下,产品和消费者之间可以进行互动,企业也可以获得消费者的喜好和关注,以便生产对口产品或者更新迭代。

中国的商业竞争大体可以分为三个阶段:

① 地段为王。比如商铺、地产,地段好、利润高。

② 流量为主。谁吸引的人多、谁的关注度高,谁就能获得大量利润。

③ 粉丝主导。今后,没有粉丝就没有发言权。

"小螃蟹"是偶像组合TFBOYS中王俊凯的粉丝,2016年9月21日,王俊凯生日当天,该粉丝竟然包下纽约时代广场11块LED大屏,滚动播放送给王俊凯的生日祝福。粉丝对其偶像不仅仅是喜爱这么简单,还会花费真金白银到他们身上。2016年9月,TFBOYS试水了一次直播,在和粉丝不到一个小时的互动期间,就被打赏了将近30万元。Angelababy在活动现场直播涂唇蜜,吸引了500万人来观看,2小时内卖出了一万多支唇蜜。小米的CEO雷军在2016年5月发布小米Max、MIUI和无人机的直播,雷军反复向观众要"掌声""鲜花""保时捷""游艇",而观众一次直播就给他打赏了30多万元。

粉丝经济最容易诞生在长尾市场(指的是销量不佳的产品所共同构成的市场),因为越是个性的需求越难以满足,而一旦满足,就会形成黏度,从而夯实粉丝关系。同时,在互联网3.0时代,需求被极度个性化,在某种程度上决定了长尾市场是企业打造粉丝经济的重要切入口。互联网服装品牌江南布衣公布了2017年下半年的业绩,实现总收入16亿多元。该企业在微信平台的粉丝数量连续2年稳居国内女装排行榜的榜首,品牌粉丝的忠诚度也远远高于国内其他女装品牌。江南布衣业绩增长的主要推动力就是靠粉丝经济。

互联网3.0时代的粉丝模式,是围绕满足粉丝核心需求与痛点制造产品。例如,"罗辑思维"仅仅用时90分钟就预售了8000套书。粉丝经济模式的好处有很多,比如可以通过微信公众号进行产品预售,节省了广告开支;可以用支付宝收款,避免了欠款现象；在销售产品的同时，也积累了用户。这些都比传统营销效率要高、费用更低。

那么，为什么说粉丝是一种长尾经济呢？因为粉丝是一种在互联网的聚合作用下，爱好相同的一大群人，他们是企业产品潜在的购买者，是企业免费的宣传员。他们一旦认定了某款产品，就会有很高的忠诚度，也会为后续产品的开发提供思路，为后续产品的销售提供市场。在互联网3.0时代，粉丝的钱才是真正赚不完的。工业时代，有顾客和用户即可活下来；互联网时代，你的品牌没有粉丝，迟早会死。那么，企业该如何经营好粉丝群呢？

（1）积极与用户做互动

粉丝作为忠诚的消费者，对于任何商家来说，都是最宝贵的财富与资源，应该像对待上帝一般倍加呵护，让他们享受到最为尊崇的待遇，以此塑造长久的、良好的口碑，实现消费者粉丝与商家的共赢。

在与粉丝互动方面，小米公司做得非常好。小米公司将米粉当作第一原动力，公司成立之初，雷军就制定了三条军规，其中最重要的一点就是"与米粉交朋友"。在小米的官网，经常可以看到用户在跟小米客服调侃。

此外，雷军、黎万强这些互联网大佬，在小米成立之初每天都会有1个小时泡在论坛上，足以证明他们对粉丝的重视，通过近距离的沟通，也能够更好地了解客户的需求。

在小米这样的企业带动之下，很多公司都开始认识到与客户互动的重要性，纷纷成立了互动营销部。然而，很多公司都是在装装样子，并没有发自内心地尊重客户，没有把客户当成企业发展不可缺少的一环，反馈效果自然不好。

企业要想让自己的产品受客户欢迎，把服务做好是非常重要的。在手机领域，除了小米外，魅族也是与客户交流最多的企业。魅族设立了400家线下售后服务中心、20家线上寄修中心、50家服务站等，辐射至全国多省市，极大地提升了服务质感和服务效率。魅族还通过举办公益活动、服务体验日、节假日活动、魅课堂等与客户进行交流。魅族的这些活动就是把客户当朋友、当上帝，真正做到了"粉丝为王"。

（2）粉丝参与制造

过去，企业生产出一款产品，剩下的就是"王婆卖瓜——自卖自夸"，消费者完全没有参与，对产品也不会有很高的认同。小米公司发现了这一特点，要求员工与粉丝互动。过去的工程师都是闭门造车，小米的工程师必须面对用户，必须在微博、论坛、线下等渠道与用户沟通。研发出了新产品，先在小范围内让粉丝试用；开发新手机前，先听取粉丝的意见和建议，邀请粉丝参与到企业的产品创造中。小米的每款新手机，都是与数百万名粉丝一起互动的结果，这样的产品一出炉，必然会赢得粉丝的认可和购买。

在互联网3.0时代，生产者和用户之间的界限被打通了，用户可以参与创新。这意味着企业要更贴近用户，要主动邀请用户一起参与创新，他们之间不是从上往下的关系，也不是平行关系，而是融为了一体。

企业在设计产品的过程中，可以通过邀请粉丝参与的形式不断完善产品，因为用户的灵感、想法往往更具创造力，再结合专家的设计思路，这样更容易制造出用户喜欢的产品。

（3）靠内容聚粉

2016年6月，华兴资本的研究负责人刘佳宁在一份报告中说："我们现在来看一看在过去五年最值钱的公司是哪些，它们是什么样的业务类型。在过去五年几乎都是平台、电商、O2O、游戏。它们的业务模式都是买流量，除了微信、微博，剩下的产品都是相信这样一个理念，我花钱来买流量，累积用户，然后循环补贴，刺激用户进行交易，培养用户的消费习惯，到最后靠资本的优势把市场出清，剩者为王，拿到市场垄断份额地位，再重新定价，谋取利益。所以在这种商业模式里面，大量的钱被花在了买流量和补贴上面。那么未来五年什么样的公司可能会比较成功？那我们认为用户不是靠买的，而是靠内容聚集起来的，靠内容聚粉。"

罗振宇创立了自媒体"罗辑思维"，自称"每天甩脑浆，讲哲理故事，3年多吸引600多万粉丝"。罗胖的粉丝变现能力一点不比偶像明星差，罗辑思维第一次在5小时内售卖会员费收入达160万元，第二次在24小时内收入达800万元。此外，鬼脚七、小道消息、六神磊磊读金庸、胡辛束等一大批自媒体，也借助新浪微博和微信公众号迅速兴起，依靠独特的内容聚拢了大量粉丝，部分人依靠广告等方式成功实现了粉丝变现。

能否吸引粉丝带来订单，内容是非常关键的，内容直接影响企业的利润。对于内容的策划，其实是要讲究策略的。下面介绍一些依靠内容吸引粉丝的策略：

首先是有个性。企业在经营微信公众号的时候，不能发布千篇一律的内容，不能发布一些没有营养的心灵鸡汤，而是针对粉丝群体，制定符合他们心理的内容，尽量自成体系，并长期保持一种一致性，让用户能够容易识别出自己的微信公众账号，这样才能提高用户的黏性。

其次是有趣味。微信公众号不能发布硬性的广告，否则粉丝会厌烦，导致其不仅得不到关注，反而很有可能会使用户反感而取消关注。内容不能空洞无聊，明星八卦、危言耸听都要不得，营销人员在编制内容的时候花足心思和时间去构思创意，求新求变，来吸引粉丝注意。

再次，微信公众号发布的内容要能够为粉丝提供有益、有价值、有用的东西，也可以定期地发布促销信息或者发红包等，只要实用、有利一定会吸引粉丝注意的。

内容聚粉，关键还是在于运营的人的底蕴和阅历，企业要想靠内容聚粉，还是先找到能把内容做好的人才吧！

二、通过社群拉近与消费者的距离

如今，社群经济越来越火爆，通过社群进行营销也成为很多企业的重点工作。什么是社群？社群就是通过社交平台聚集在一起的一个群体，这个群体有相同的属性标签，有相同的目标，还有自己的运营制度。最早的社群不是在网络上出现的，他们是由一群摩托车发烧友聚集起来的。在美国，哈雷摩托营销巨大，它聚集起一群喜欢它的人，这些人按约定时间聚会，他们一起讨论机车改造，一起撒欢，一起狂欢。互联网3.0时代的社群主要是企业组建的，目的是将粉丝或者有潜力的客户聚集在一起，有的放矢，更加明确自己的客户群所在。

一般来说，社群分为以下几类：

一是产品类社群。大家因为喜欢某一家企业的产品而聚在一起，群里成员基本上都是该类产品的粉丝。

二是爱好类社群。群里成员都有同一类爱好。比如无线电社群，群里都是热爱无线电的成员。比如无人机社群，群里面聚集的都是喜欢无人机的成员。比如越野社群，不用说，群里都是喜欢出去玩、出去越野的人，这类群成员不是追求产品的品质，他们追求的是精神上的认同、身份的认同。

三是资源类社群。该群类似过去的同学会、老乡会等，都是为了拓展人脉、拓展业务而聚集起来的社群，他们的目的很明确，就是为了开拓业务、推销自己或者推销产品。比如，曾任《中国企业家》杂志社社长的刘东华创建的正和岛、长青会，这类社群聚集了行业精英，成员在里面主要是拓展人脉，寻求合作机会。

除此之外，还有混合群，群体成员各种目的都存在。

到了互联网3.0时代，很多传统电商都在加速向社群电商转型，但是社群不是老板敲桌子下命令组建一下那么简单，要对客户关系进行社群化管理，首先要转变的是观念和思维。海尔集团在社群建设方面做得很棒，值得其他企业学习和借鉴。

秉着通过优质内容吸引粉丝的原则，海尔商城社群实现了初步的良好运营和发展。

海尔商城构建了嗨客社群，在这个社群里，海尔通过奖励机制鼓励用户互动、塑造嗨客达人KOL，并借助社区打造嗨客专属活动。海尔商城的嗨客社群不仅为海尔提供了客户基础，还为海尔创新产品提供了思路和建议，这就是良性发展的社群典范。

除了建立用户群，海尔社群又建立了创业社群，取名"人人创客"，意思是为一些想创业又没有金钱、没有渠道、没有帮助的人建立一个提供平台、提供资金、提供创业帮助的社群。"人人创客"组建以来，打造出了不少明星创业者，他们也为海尔注入了新生力量，使得海尔不仅跟上了时代步伐，更促进了海尔的高速发展。

海尔的用户社群、创客社群，从某种程度上来说，既完成了企业本身和生态链的社群化，也让客户关系的管理社群化了，这对于海尔整体的互联网转型来说，是非常重要的一步。在互联网3.0时代，谁走在前面，谁就赢得了商机。

伏牛堂的创始人张天一，当年只有10万元启动资金，如今做成了很有名气的伏牛堂品牌。那么，张天一是怎么组建社群的呢？我们来看看他是怎么说的：

2014年，第一家店开业。当时，几个年轻人，没有经验，忙乱得不可开交。当时门店的位置不好，被生意所迫，凭借着本能，逼出了一个想法。当时，我们找了一群同学来帮忙，大家一起去微博上搜索"湖南""北京"两个关键词，就这样，我找到了将近2000个符合条件的微博号。随后，我们和这些用户线上聊天，线下见面，就这样积攒了我们的第一批种子用户，这也是我们的社群"霸蛮社"的雏形。因为有了这群用户，才有了伏牛堂品牌。从当年的2000人，到如今已经发展到几十万人。

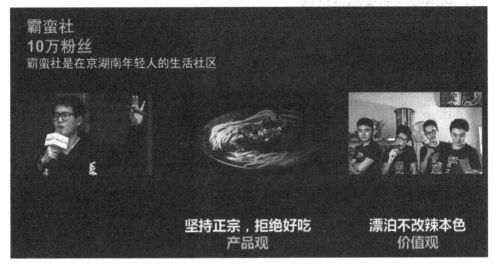

伏牛堂的霸蛮社

对于企业来说，该如何建立自己的社群圈子呢？

首先，企业利用直播平台，要找人气高、观众多的平台。比如优酷、腾讯视频、Bilibili等。为什么要用视频传播呢？因为在互联网3.0时代，人们在线看视频的方式更为便捷，快手、抖音等就通过小视频聚集了大量的用户群、客户群。企业找到平台，就可以通过录制视频、开设视频直播等形式来吸引成员加入。企业做起来相对容易一些，因为投入大、资源多，个人要组建这类社群，需要自己有较高的素质，较高的运营手段。比如，游戏玩得非常好的人，可以组建游戏直播社群；喊麦喊得棒的人，可以组建喊麦社群；街舞跳得好的人，就可以组建街舞社群；等等。

其次，企业可以通过微信公众号、百度贴吧、知乎等平台发布信息来吸引粉丝的加入。

再次，企业要善于利用网络电商平台。京东、天猫、淘宝等电商平台，同样具备粉丝聚集的功能。

最后，企业可以利用主流的新闻类平台。今日头条、网易、搜狐、新浪等，是目前主流的新闻类平台，尤其在手机移动端，用户数量更为庞大。

在不同平台吸引成员的时候，企业应当留意效果，适时调整策略，尽量避免做无用功。

三、利用微信朋友圈做营销

在互联网3.0时代，网速提升，智能手机普及，微信与移动互联网APP的发展，使得人们无论生活、购物，还是工作、交友，都离不开移动网络。如今，Wi-Fi、4G网络全面应用，人们可以随时随地接入网络，移动互联网已进入快速发展时期。5G也即将到来，人们的生活工作会更加快捷、方便。

在移动互联时代，一部智能手机解决了人们的大部分问题，生活、工作、娱乐、社交、购物、缴费，这些都可以通过手机实现，因为手机的重要性越来越高，面对这个移动终端，越来越多的商家开始在手机客户端上发力。很多企业快速行动，让自己的品牌、产品、营销、广告等搭上"移动+互联网"的顺风车，到达人们手指易点、目光所及之处。于是电商逐渐由PC端发展至移动端，利用微信做营销，成了互联网3.0时代的趋势。

微信没有距离限制，用户注册微信后，可与周围同样注册的"朋友"形成一种联系，订阅自己所需的信息，商家通过提供用户需要的信息，推广自己的产品，从而实现"点对点"的营销。互联网营销的本质是建立"情感认同"，先让用户认同你，然后再认同你的产品。为什么企业都喜欢利用微信进行营销？因为微信的黏性强，大部分智能手机用户都要用到微信，而且离不开它。

提起"麻纠纠"卤菜，爱好美食的朋友都知道，这是宋强通过跟亲戚拜师学艺之后，制作出来的卤菜，并起名"麻纠纠"。为了开拓销路，宋强开始学着在微信上卖卤菜。宋强开了"麻纠纠"微店，开始试卖，当天就卖了600多元，第一个月的营业额达3万元，第二个月的营业额有7万多元。之后，宋强还将"麻纠纠"卤菜卖到了《最强大脑》栏目组，如今宋强每日的订单稳定在一百多单，日收入也稳定在1万元以上。

通过微信进行营销，仅仅是产品好还不够，售后服务也要跟上。"麻纠纠"微店每天从早到晚，微信消息几乎都没有停过。宋强为了给客户答疑解惑，让客户知道自己产品的优劣势，每天回复的微信不下2000条，这项既费时又费脑的事情，宋强一直坚持自己做，并没有专门招一个客服，不是怕花钱，而是因为只有他了解自己的产品，也只有他能从客户的提问中找出产品的不足和需要改进的地方。如今，宋强还坚持每天发四五条朋友圈，内容主要是推广"麻纠纠"卤菜。得益于微信的传播，如今的宋强也算是创业成功，成为人生赢家。

互联网3.0时代，将移动电商、营销、O2O等多种产品经过社交平台做一个结合是一个必然的发展趋势。与时俱进，走在前沿的企业或者个人才有更大的发展。

伏牛堂的创始人张天一就是利用微信进行营销，把自己的产品推广出去，赢得了广大用户的关注与青睐。张天一很擅长进行社群营销，他根据粉丝的兴趣爱好，把20多万名粉丝分成了2000多个50到100人的微信群，每个群设立一个群主，群成员可以在群主的主持下谈论问题，也可以线下开展见面活动。这些人因为伏牛堂聚集在一起，他们在一起讨论国产电影、电视剧，欧美电影、电视剧，伏牛堂只是他们连接的一个点，而不主导讨论，这就给了粉丝们很大的自由空间。

在互联网3.0时代，微信营销是企业生存与发展的重要一环。那么，企业该如何进行微信营销呢？有没有什么新鲜的玩法呢？

（1）打造微信"样板客户"

有的企业建立微信社群以后，恨不得群成员马上购买产品，于是就不停地推广自己的产品，这种急功近利的做法是错误的，容易把客户吓跑。微信营销是一种"润物细无声"的营销方式，是一种"醉翁之意不在酒"的营销方式，企业不能急功近利，为了推广自己产品，可以开发一个"样板客户"。具体的做法是：把你的产品免费送给一个自己熟悉和信赖的客户免费使用，然后让这个"样板客户"把他使用该产品的体验心得在群里发布出来，多说优点少说缺点。比如，你是一位旗袍店主，可以让"样板客户"免费穿自己店里的旗袍，然后让"样板客户"在微信朋友圈宣传分享使用体验，或者贴出自己穿旗袍的美图照片，这样，其他成员看到了，就会感兴趣，就会询问，就会下单。

（2）利用微信抢红包

抢红包成了时下微信用户喜闻乐见、百玩不厌的一种活动，企业可以搭抢红包的顺风车，在群里不定时地发红包，其实这比在传统媒体上打广告要省钱。商家看似发了红包，让了利，但实际上得到了自己的目标消费者，从而有力地推动了商品销售。因此，抢红包对于电商来说，是一种十分有效的营销手段。

（3）关注健康生活

如今，人们对生活质量的要求越来越高，对生活知识的需求也越来越多，有关生活类的知识在网络上的转发率相当高。比如，夏季预防中暑、十大古镇、最美村庄等，凡是与生活、旅游、美食、教育等相关的信息，都会引起人们的关注。利用微信，把人们所关心的日常生活知识，发布到微信平台上，通过这些信息的转发，能起到良好的企业产品的传播作用。

世界营销大师克里曼特·斯通说："未来的营销，不需要太多的渠道，只要让你的产品进入消费者的手机，就是最好的营销。"微信的快速发展，给予企业巨大的营销舞台。微信朋友圈，因为聚集了一群信任度高、相互了解的朋友，是营销的最佳场地，但微信营销也不是随意而为、天马行空，也要注意一些规则和底线。

其一，高仿、假货、违禁产品不能卖。尤其是假面膜、假化妆品，不仅对人身体有害，而且破坏了企业的信誉，不利于企业的可持续发展。

其二，对于产品定位，要先想好自己有什么优势，有什么高品质的产品，准备卖给谁。假如你卖面膜，那你的客户定位就是女性；假如你卖炊具，那你的客户定位就是家庭妇女。分好了类，定好了产品，剩下就是做文案、搞宣传了。

微信营销不简单，企业不能简单地发发图、喊几嗓子就坐等客户上门，要做出自己的特色，拿出自己的优势产品，去赢得客户的认同和赞扬。这一点，企业还需要深刻思考，不能一蹴而就。

第二节 无娱乐，不营销

在过去，企业营销很简单，也不与顾客互动，他们的主要精力放在了经销商身上，主要是搞定经销商，只要推广渠道多，产品渠道够广够好，产品就能销售出去，资金就能回笼。现在，网络化生存成了每个企业、每个人的必需，企业想要获得客户的关注，就得推出吸引客户的创意，只要客户感兴趣就会对它予以关注，关注了就能成为潜在客户。比如，搅拌机厂商Blendtec的CEO上传了一段视频：他把自己的iPhone丢到了搅拌机里！Blendtec公司的销售额随即暴涨了700%。

还有前几年很流行的冰桶挑战活动，在极短的时间之内蹿红世界，从体育界玩到科技界，又从科技界玩到艺能界，可谓跨界玩转冰桶挑战。比尔·盖茨、扎克伯格、梅西、贝克汉姆、科比、C罗、内马尔、雷军、刘德华、李彦宏、王力宏、陈奕迅等都加入了冰桶挑战活动。只要企业利用好这项活动，可以当赞助商，可以自己上阵吸引客户眼球，这就是娱乐营销的玩法。所谓"无娱乐，不营销"，美国管理学大师麦克凯恩曾说：一切行业都是娱乐化。

对于企业来说，要打破过去传统的营销理念，在互联网3.0时代，要学会秀出自己。秀什么？秀成绩、秀产品、秀用户、秀情怀、秀内幕。什么事件都可以秀，在互联网3.0时代，要会玩才行。不过，娱乐营销也不是所向披靡的营销利器，不用心，只是简单地砸钱，未必会得到想要的结果。看看如今的电视综艺类节目，都被手机厂商"霸屏"了，不是OPPO赞助，就是vivo特约，OPPO还邀请了李易峰、鹿晗、杨幂、TFBOYS、张震、全智贤等8位明星代言旗舰机型R9和R9s，2018年更是邀请陈伟霆、迪丽热巴、周杰伦等人一起为OPPOR11代言。vivo也不甘落后，请的代言人包括斯蒂芬·库里、鹿晗、周冬雨、彭于晏、倪妮。

很多综艺节目都走的是娱乐营销路线，比如东方卫视的《笑傲江湖》《四大名助》《今夜百乐门》《欢乐喜剧人》，北京卫视的《跨界歌王》，浙江卫视的《喜剧总动员》等。

然而，企业选择娱乐营销的路线也要谨慎，投入大，结果并不一定都能产生预期的效果。金立手机在这方面投入也比较大，但是效果就不理想。不是赞助娱乐节目就是娱乐营销，不是仅仅花钱打广告就能获得丰厚的回报，企业要明白这一点，娱乐营销，关键在内容，在黏性，不在投入金钱多少。

一、事情推行营销

在我们周围，每天都会发生很多好玩的、有趣的事情，有些事情是偶然的，有些事情就是企业精心策划的。一般来说，企业想通过一个有趣的事件，先吸引公众的眼球，再慢慢推广自己的产品。比如，网上出现一则消息，说瓶装水比自来水更脏，那么可能是一家做水净化的企业发布的软文。比如，到了夏天容易下雨，爱穿布鞋的人就很烦恼，网上就出现一段视频，有人发明了雨天不湿鞋的神器，说起来高大上，其实很简单，就是用避孕套套住布鞋，然后就不怕湿鞋了。这段视频很有趣，吸引了不少人观看。很多人不知道的是，这是杜蕾斯企业做的一个"雨天用安全套套鞋"的广告文案,另一方面大家能会心一笑,一方面也记住了这家企业。杜蕾斯还做过很多有趣的广告,都能博得大家一笑,也更将自己的企业名字投射到客户心里。杜蕾斯可谓娱乐营销的高手。

通过娱乐事件进行营销在过去也很流行,也是国内外企业经常采用的一种公关传播与市场推广手段。随着互联网的飞速发展,给娱乐事件营销插上了翅膀。通过网络,一个事件或者一个话题都可以更轻松地进行传播和引起大众的关注。

利用娱乐事情炒作,并不是每一次都能发挥营销的作用和价值,如果炒作失败,可能会适得其反。2015年7月,在北京国贸、三里屯两地,出现了一批"斯巴达勇士",然而这次营销事件的表演者由于着装裸露,不符合国人的审美观,并没有引起人们的好感,反而因为过于哗众取宠而受到人们的批评。

互联网3.0时代,除了在微信公众号、微信朋友圈进行娱乐营销之外,传统媒体的力量也不容忽视,这也是企业需要学习与关注的方面。

2016年10月31日,海尔跟万达来了一次隔空较量,这一事件激发了广大网友的参与热情,对海尔回应的原微博评论、转发、点赞量平均数已超过4万条。这次事件再次让海尔名声大震。

目前事件营销方式逐渐受到企业的青睐。企业组织进行事件营销无外乎两种模式:被动模式和主动模式。

(1)被动模式

被动模式说白了就是蹭热度,不是自己主动发起的营销,而是看到了社会热点能与自己产品相结合,就借机推出自己的产品来引起人们的注意。比如,猎豹浏览器就是成功借用人们"买票难"的问题获得了用户的青睐。12306网站上线,人们可以在这个网站购买火车票,但是票少人多,很多人抢不到火车票,猎豹浏览器推出了抢票专版浏览器,人们借助这个浏览器进行抢票很容易,这一下子让猎豹浏览器火了,很多人转而开始用起了猎豹浏览器。猎豹浏览器就是蹭"买票难"的热度,借机推出了自己的产品,并成功引起人们的关注,市场占有率直线上升。

(2)主动模式

主动模式是企业根据产品需要,精心策划的娱乐事件,有头有尾,起承转合都是提前做好的,目的就是吸引客户注意,进而推销产品。

雕爷牛腩还没开业，就先弄了一个开业庆典的事件。在这次事件中，主角是香港食神戴龙。戴龙是周星驰电影《食神》的原型，1997年主理过香港回归大典的盛宴。据说，新加坡富豪为了请戴龙主理一席"齐生寿宴"，曾经耗资500万元。这一次，雕爷也是花了500万元从他手里购买了牛腩配方。在这场秀上，戴龙主要做了三件事。

一是将牛腩配方烧掉。这样，象征全世界只有雕爷一个人拥有雕爷牛腩的配方，其他的都不正宗，别人以后想山寨也不可得。

二是展示一张500万元的支票模型，预示着配方是花了500万元买来的，告诉用户这道菜有多么贵。

三是现场制作了一道名震天下的食神炒饭。据传，戴龙曾在澳门赌王的赌船上做过一回食神炒饭，一碗卖了5000港币。

通过这次事件，雕爷牛腩迅速占据了新闻媒体的头版，引发了人们的热议。

事件营销由于不可预测的特点，具有很大的风险性，因此企业在做营销的时候，首先应该坚持实事求是的态度，从自身实际情况出发，不浮夸，并做好应急预案，以免出现不好的结果。

其次，借力打力固然是聪明的做法，但是我们不要踩着别人的肩膀诋毁原事件，由于基础是原事件，所以我们应该尊重原事件，不要利用人家的短处去捧自己的长处。

事件营销讲求的是"功夫在诗外"和"无声胜有声"，在潜移默化中感染大众，绝不能哗众取宠，靠诋毁、恶俗等方式吸引公众的眼球。

《中华人民共和国广告法》第三条规定，广告应当真实、合法，以健康的表现形式表达广告内容，符合社会主义精神文明建设和弘扬中华民族优秀传统文化的要求。第九条规定，广告不得有"妨碍社会公共秩序或者违背社会良好风尚"的内容。爱美之心可以有，低俗之心不可涨。

利用娱乐事件进行营销，短期内可以提升企业、产品的曝光度，但是站在长远的角度来讲，一时传播而建立起来的知名度和热度，并不能维持多长时间，品牌养成的关键还是口碑。所以，企业对于娱乐营销要把握好度，不能出格，不能无底线。

事件营销切忌事件功利性太强。另外,事件营销策划还应该注意什么呢?

(1)合理合法

由于新闻事件受国家各项规定的限制,企业在营销过程中一定要非常谨慎,在符合国家各项法律法规的前提下进行。

(2)避免侵权

事件营销可能涉及各项版权、名誉、形象的限制,企业在营销过程中要考虑到各种细节,避免侵权行为。

事件营销由于其特有的新闻价值和公众话题性,传播范围更广,也更加迅速,有助于企业快速提升知名度与品牌形象,然而一旦搞砸了,人们也会将企业的某个污点无限放大。可以说,事件营销是一把双刃剑,一定要谨慎。

二、赋予产品噱头

现在,花店到处都有,大家的品种都差不多,价格也差不多,但是有一家网上店铺,价格更贵,但是销量更好,这是为什么呢?这是一家叫"专爱"的花店,他们提出一个概念"爱情唯一,限制一生只送一人",在情感泛滥的今天,这种追求专一、呼唤专一的爱情观,自然赢得了很多客户的青睐。从专卖店在天猫上线开始,仅仅8个月的时间,销售额就近千万元,这就是噱头的力量。2016年,有武汉大学毕业生卖樱花标本,干樱花卖30元,很多学生趋之若鹜,这是因为他们买的不是产品,是产品承载的情怀,很多大学生甘心"为情怀买单",这就是噱头带来的价值。

企业在营销时,除了让产品有感情、有生命外,我们还要赋予产品概念,用互联网的话来说就是要赋予产品噱头,这样才能拉近品牌与客户的距离。

噱头营销,就是要激发出消费者的猎奇心理,找到消费者感兴趣的事情,例如空气质量差,有人贩卖清新的空气,这就是一个很好的噱头。噱头营销可以在短期内迅速抓住大量消费者的注意力,进而达到提高商品知名度和促进销售的目的。与传统广告宣传相比,噱头营销类似于软广告。比如,如今手机的市场需求不断更新换代,卖点也层出不穷,从过去的多媒体手机到如今的曲屏设计、指纹解锁等,如果手机厂商还坚持追求手机配置,那么这种想法就落伍了,因为很多消费者买手机的目的不同,有的用来美颜,有的用来玩游戏,不抓住消费者这些诉求,手机配置再高，消费者也不会购买。

互联网的迅猛发展给噱头营销提供了大展拳脚的最好平台，噱头营销对企业来说，好处多多。首先，可以快速吸引消费者的眼球。相比其他促销方法，噱头营销内容火爆，极具诱惑力，能快速有效地捕捉到消费者的注意力，并在消费者当中形成话题，吸引他们参与和购买。

其次，噱头营销低成本、见效快，不需要投入大量资金，只需要营造出爆炸性话题就可以。比如，美国有一家名为"搭配小姑娘"的袜子店，袜子不是成双成对卖，而是论只卖，因为很多人都经历过丢袜子的烦恼，丢掉一只，结果一双都没法穿了。

几个美国年轻人为了解决用户的这个痛点，专门做起了单只出售袜子的生意，颜色、款式随意搭配，只要不是一对就成。该公司的袜子均为奇数包装出售，三只或七只一套。

有人说这是噱头，没错，但是它们成功了。"搭配小姑娘"卖出了60万只袜子，拥有了600多家专卖店，公司资产价值高达1亿美元。

原来袜子可以搭配着卖

噱头营销能吸引公众的眼球、降低营销费用，对企业来说是一种宣传利器。那么，企业该从哪些方面来给产品增加噱头呢？

（1）文案顶点法

很多企业在广告中宣传自己的产品"市场占有率第一""销售量第一"等，就是为了给消费者加深印象，这种方法被称为"文案顶点法"。比如，"加多宝"说自己市场销量遥遥领先，香飘飘奶茶，宣传自己写道"连续7年销量领先，每年卖出7亿杯，杯子连起来可绕地球两圈"。这都是用的文案顶点法，这种方法让它们成功地占领了消费者的心理。

（2）独特卖点

独特卖点就是在产品的所有特点中，找到一条最符合消费者需要的且竞争对手所不具备的最为独特的部分，把它作为品牌的噱头。比如，乐百氏纯净水的"27层净化"，让消费者听起来就觉得这水很干净。再比如，洗衣粉中的蓝色颗粒，去污效果好，让消费者认为这是高科技的产品，值得购买。

（3）呼唤情怀

情怀是指企业利用故事或者真人秀，唤起消费者对过去的怀念，引起消费者内心深处的共鸣，促使消费者为了回忆而买单。现在，情怀这招，玩得最好的是锤子科技创始人罗永浩。从早年做英语培训时，砸西门子冰箱维权，到后来做锤子手机强调的"工匠精神"，无不体现了情怀这一点，甚至锤子手机都被叫作"情怀手机"。老罗就靠情怀这一招，使得他的企业俘获了很多年轻人的心。

噱头营销，也要有分寸有尺度，企业在看到噱头营销所带来的客流和销售量增加的同时，也应理性地注意到噱头营销中存在的问题。具体来说，噱头营销中存在的问题主要有以下三点。

（1）活动泛滥

现在不管是实体商店、超市，还是网上店铺，动不动就搞促销活动，不是全年最低价，就是店庆打八折，不是新品上市八折促销，就是换季促销，一律半价，这种噱头都被玩烂了，消费者对此也嗤之以鼻。过于频繁、缺乏新意、同质化严重的噱头营销活动让消费者逐渐产生了审美疲劳，其效果也在逐渐减弱。噱头营销应该积极向上，应该光明正大，不应该私下搞小动作，不要用名不副实的活动来欺骗消费者。

（2）弄虚作假

噱头营销逐渐和弄虚作假捆绑在一起，给消费者留下了忽悠人的印象。比如，在超市购买88元产品，到门口凭借小票加20元就送红酒一瓶，这种红酒包装还挺精美，看着很高端，其实呢，这种红酒千万别买，买了也尽量别喝，因为质量真不敢保证，有的就是糖精色素勾兑的，有的就是五六元进的便宜货，拿到超市忽悠消费者。

还有就是各种"概念大米"琳琅满目，让买米的人们无所适从，有富硒米、有机米、珍珠米、免洗米、水晶米、竹营养米、麦饭石大米、生态米、海鲜米、火山岩米、宝宝大米等，宣传的效果都很好，甚至可以当中药用，可是实际上呢？都是商家的噱头，实际效果几乎没有。2018年4月，沈阳消协对25个大米样品进行检测，结果显示，市场上2块多一斤的大米和动辄几十元一斤的大米在营养指标上没啥区别，甚至有的普通大米比天价大米还好呢。这种弄虚作假的噱头营销，实在不值得提倡。

（3）实用价值不高

企业往往只注重利用噱头将消费者吸引过来，而忽视了产品的使用价值。比如，有一款智能冰箱，很高端，能在冰箱门的触控面板上收看影视节目。在实际生活中，谁会对着冰箱门看电视？这种附加的功能就如同鸡肋，没什么用。现在智能家电、智能汽车、智能眼镜、智能手表，到处都是智能化。但是这些智能化的产品真能给消费者带来便利吗？有的仅仅是个噱头，这就本末倒置了。消费者最终购买的是产品，是服务，不是噱头，噱头是宣传工具，不是销售目的。有些企业画蛇添足，隔靴搔痒，并没有找准市场真正的痛点，只会用噱头吸引人的眼球的营销方式，最后也会因为创意不落地而失败的。

商家不是缺噱头，而是缺少高明的噱头。很多噱头天花乱坠，引人无限遐想，可一旦消费者被其吸引接触到商品本身，发现产品本身与广告宣传的效果大相径庭时，多少会产生一种被愚弄的感觉。消费者不傻，一种噱头用个一次两次可以，第三次消费者就不会再上当了。

比如，如今的音响种类可谓是名词百出，如智能音响、云音响、磁悬浮音响，有的宣传该音响是航空级铝合金材质，有的宣传将该音响置于1米深水下放置30分钟而不浸水。这些配置真的实用吗？谁会在水下听音响，放给鱼听吗？

噱头营销的目的不仅仅是吸引消费者的注意，最终还是希望能够达成消费者的购买行为。营销宣传不能光会玩噱头，还要做足真功夫，扎实打造自身的品牌和形象。营销靠技巧，产品靠质量。比如，某款智能体温计，可以连接手机，在手机上直接记录使用者的体温，但用不了一个月，就不能再与手机连接，还不如普通的水银体温计实用。这就是噱头前行，因产品质量落后，这种产品也不会成为爆款，这种企业也很难基业长青。企业只有在营销过程中讲诚信、守信用，不断提高企业自身的市场竞争能力和服务能力，才能不断发展。

三、阅读不死，软文不止

互联网3.0时代，网络信息已经成为人们获取信息的主要来源。在这些信息中，有很大一部分都是企业为推广产品而发布的软文。软文是区别于硬性广告而言的，比如一款有助于睡眠的口服液，广告语就很直接，"喝了×××，睡觉就是香"，而软文不是这样推广的，它可能从口服液里含的某种中草药谈起，比如说为什么猫喜欢睡觉是因为经常到野外吃某种草，这种草已经有人用于实践中，这就为产品的推出设置了悬念，从而吸引了消费者的关注。

如今，消费者越来越精明，软文中夹带的推广信息很快会被察觉，但是只要你的软文写得足够高明，不会引起消费者的反感，依旧可以达到广告宣传的效果。

王老吉和加多宝这对冤家的纷争持续了很长时间，直到2014年1月31日，广州市中级人民法院裁定，要求加多宝立即停止使用"王老吉改名为加多宝"或与之意思相同、相近似的广告语进行广告宣传的行为。

面对如此打击，加多宝该如何应对？

2014年2月4日，加多宝官方微博连发4条微博，以"对不起体"表明自己的立场。不到2个小时，4条哭诉式微博总计博得4万余次转发，评论超过1万余次：

对不起！是我们太笨，用了17年的时间才把中国的凉茶做成唯一可以比肩可口可乐的品牌。

对不起！是我们太自私，连续6年全国销量领先，没有帮助竞争对手修建工厂、完善渠道、快速成长……

对不起！是我们出身草根，彻彻底底是民企的基因。

对不起！是我们无能，卖凉茶可以，打官司不行。

这4条软文以事实为依据，以情感为催泪弹，迅速扭转了因官司失败而造成的负面影响，获得了消费者的同情和认同。

依靠软文营销成功的经典案例非常多，其中被誉为教科书式的软文营销，当属史玉柱的脑白金软文营销。当年，史玉柱为了推出脑白金，先后找到多家媒体进行铺天盖地的宣传，史玉柱的高明之处在于，他并不直接强调脑白金的好处，而是率先提出了"脑白金体"的概念。比如，在《人类可以"长生不老"》这篇软文中讲到了美国《新闻周刊》刊载脑白金一事，报道脑白金的神奇之处；在《两颗生物原子弹》这篇软文中,将当时世界级的话题多利羊(克隆)技术,和脑白金并列起来,提高了脑白金的学术地位。

史玉柱从不同角度写了很多此类型的软文,并在各类媒体发表,随即引发了一股关注脑白金的热潮,很多人关注并期待这类产品的出现。史玉柱见时机成熟,马上推出脑白金,然后就是大打硬性广告,从软文到广告,一步步把消费者带到了脑白金面前。当年,脑白金大获成功,这都与史玉柱的软文营销分不开。现在也有很多利用软文营销成功的企业,比如雕爷牛腩、伏牛堂硕士米粉、西少爷肉夹馍等。这些人就是靠着软文营销,要么迅速打开了市场,要么提升了巨大的名气,要么让产品的下载量飙升。

作为营销手段中很有效的一种方法,软文营销投资少,回报快,是现代企业不可废弃的一项利器。那么,企业该如何写软文呢?

(1)写得像新闻

把软文写成新闻,容易在消费者心理增加可信度。在策略上,可以采取系列追踪形式,看似经过多年研究从而推出的成果。标题撰写就要讲究,有图有故事,有人名有效果,不要把软文写得像硬性广告,消费者一看就不买账。

比如,给一款红酒做软文,那么你可以写红酒的产地一年多少日照,当地没有工业,空气质量好等,这样让读者感觉红酒的质量一定好;可以写人工是怎么一步步操作葡萄的酿造的,酒窖在地下多少米还是恒温的,储存酒的橡木桶是来自同一地区的,这样就提升了红酒的身价;可以写这里属于世界第几大葡萄产区,世界著名的红酒山庄,获得过多少奖等。软文就要含蓄,就要"犹抱琵琶半遮面",千万不要上来就说某款红酒好喝,包装好还不贵等。如果软文再和公益拉上勾,搞不好媒体还可以免费上稿呢。

(2)引起消费者共鸣

在产品同质化严重的行业,寻找共鸣是突围利器。以汇仁肾宝为例,当年一则广告让这款产品火遍全国。一句"他好,我也好"的广告语,流传大江南北,产品销量也是迅速上涨。

(3)标题党

标题党,不算是褒义词,因为标题党善于用惊悚的标题来吸引人的眼球,但是内容有的低俗,有的恶俗,有的愤世嫉俗,这就不能用来宣传企业产品。企业发布软文，要学习标题党的长处，就是一下子能勾住读者的心，让读者有读下去的冲动。软文的标题非常重要，文章的标题犹如企业的LOGO，代表着文章的核心内容，其好坏甚至直接影响了软文营销的成败。所以创作软文的第一步，就要赋予文章一个富有诱惑、震撼、神秘感的标题，让读者见到就有兴趣读下去，内容尽量活泼、悬疑、夸张。总之一句话，要吸引人，让人看了有猜想、有疑问，忘不了。

（4）注意软硬结合

人们都很痛恨广告。有这样一个笑话，小丽回家看见妈妈坐在电视机前，手里拿个小本子在记着什么，不解地问妈妈在干啥。妈妈解释说，好好的电视剧，被广告冲得七零八落，一集电视剧，七八个广告，烦不烦人，我拿本子记下来，这些广告产品，我一个也不买。这虽然是一个笑话，但是也道出了消费者实在对广告没什么好感，但是又不能没广告，没广告就没赞助商，没赞助商电视台就没钱制作更好的节目。

软文广告本就是为了弥补硬性广告的不招待见而推出的一种宣传推广方式，所以写出的软文应软硬适中，既不能让读者一眼就看穿是广告，又要让读者能够记下你要宣传推广的信息，起到推广作用。具体的做法有两步。首先应该是把推广的内容放在后面，让读者发现是广告时，已经把内容看完了。其次是广告信息的嵌入，要巧妙自然，能够和内容完全地融入，最忌生拉硬扯、胡乱联系，让读者反感。最后，还要注意的是，如今的读者也早已习惯了快餐式阅读，看到大篇幅的文章很难有耐心去详细读完。因此，软文要短小精悍，言简意赅，让读者很快就能了解整篇内容。软文营销好处多多，但写好并不容易，企业要想在互联网3.0时代顺利营销，就必须认真对待软文广告。